Rothery · Der Leitfaden zur ISO 9000

Mit QM-Musterhandbuch
und Erläuterungen

Brian Rothery

Der Leitfaden zur ISO 9000

Mit QM-Musterhandbuch und Erläuterungen

Übersetzung und Musterhandbuch der deutschen Ausgabe:
Michael Preising, G·f·Q·S Aachen

HANSER

Carl Hanser Verlag München Wien

Titel der englischen Originalausgabe:
ISO 9000. Second edition

Übersetzung und Musterhandbuch der deutschen Ausgabe:
Michael Preising, G·f·Q·S Aachen

Die Deutsche Bibliothek - CIP-Einheitsaufnahme

Rothery, Brian:
Der Leitfaden zur ISO 9000 ; mit QM-Musterhandbuch und Erläuterungen / Brian Rothery. Übers. und Musterhandbuch der dt. Ausg.: Michael Preising. - München ; Wien : Hanser, 1994
Einheitssacht.: ISO 9000 <dt.>
ISBN 3-446-17524-5

Druck: Schoder Druck GmbH & Co., KG, Gersthofen
Printed in Germany

Vorwort

Der Mangel an erklärenden, deutschsprachigen Unterlagen zum Thema der ISO 9000er-Qualitätsnorm hat mich dazu bewogen, das Buch über ISO 9000 von Brian Rothery, einem populärwissenschaftlichen englischen Publizisten, zu übersetzen. Deutsche Qualität hat nach wie vor im Ausland einen hohen Stellenwert, Deutschland nimmt in diesem Bereich eine Spitzenposition ein. Vergleicht man jedoch die Menge an Informationsmaterial über ISO 9000 mit der in anderen Ländern verfügbaren, so ist unser Land Schlußlicht. Ich hoffe mit der Herausgabe dieses Buches eine Hilfestellung zur Einführung der ISO 9000er-Normen für kleine Unternehmen zu leisten.

Für das vorliegende Buch wurde eine Dreiteilung gewählt: der übersetzte Text von Rothery, ein Leitfaden zur QS-Handbucherstellung und einige Beispielkapitel eines QS-Handbuches.

Die Übersetzung des Buches von Rothery gibt in allgemeinverständlicher Weise Einblick in die 9000er-Normen sowie deren Forderungen und Auswirkungen. Dabei muß jedoch auf die Unterschiede zwischen Deutschland und England hingewiesen werden. Die Engländer setzen bei der Umsetzung der ISO 9000 teilweise ganz andere Schwerpunkte, als es hierzulande getan wird. Ich denke, daß die Engländer die ISO 9000er-Reihe als Ausgangsbasis verwenden, wir in Deutschland diese Normenreihe aber als Zielgröße (miß)verstehen. Während der englische Normentext dem Lieferanten (supplier) ständig ein "shall" zuweist, ist es in Deutschland das Wörtchen "muß", das uns in unserer täglichen Praxis die Schwierigkeiten bereitet.

Die grundsätzlichen Erfahrungen mehrerer Handbucherstellungen, die unsere G•f•Q•S in Aachen begleitet hat, sind in den zweiten Teil des Buches eingeflossen. Der Leser findet hier einen Leitfaden zur Erstellung von QS-Handbüchern.

Der dritte Teil beinhaltet Materialien in Form eines Beispiels zur Organisation eines QS-Handbuches und Musterkapitel. Diese Materialien liefern ein gutes Gerüst zur Handbucherstellung, in welches gerade kleine Unternehmen ihre eigenen weiteren Komponenten einhängen können.

Mein Dank zu diesem Buch gilt vor allem meinen Kollegen, die mich mit Material unterstützt haben (und mein Undank dem Textsystem, mit dem ich mich nächtelang "angefreundet" habe, bis es das tat, was ich wollte). Ich hoffe, dieses Buch ist ein Fingerzeig durch den Normendschungel und bringt dem Leser ein wenig Durchblick ins 9000er-Dickicht.

Aachen, im Februar 1994

Michael Preising

Inhaltsverzeichnis

1 Markt und Wettbewerbssituation

1.1 Wer sollte dieses Buch lesen?

Dieses Buch richtet sich an Geschäftsführer und leitende Angestellte, die wissen wollen, was es für ihr Unternehmen bedeutet, die ISO 9000er-Norm einzuführen; weiterhin auch an Manager oder Abteilungsleiter, die ein System zum Qualitätsmanagement entsprechend der Normen ISO 9000ff einführen sollen. Es wird angenommen, daß der Leser sich über die Bedeutung von Qualität im klaren ist und über Normen allgemein Kenntnis hat. Da aber auch ein Erfahrener durchaus Schwierigkeiten haben kann, die Vorstellungen der ISO 9000 bezüglich Qualitätsmanagementsystemen der Geschäftsleitung und den Mitarbeitern zu erklären, werden einige Erläuterungen zu grundlegenden Sachverhalten in diesem Buch dargelegt. Dies geschieht in der Vorstellung, daß dieses Material im Lehr- und Trainingsprozeß hilfreich sein könnte. Im Anhang dieses Buches wird weiteres Material in Form einiger Kapitel eines QS-Handbuchs angeboten, das zum Aufbau des eigenen, unternehmensspezifischen Handbuchs benutzt werden kann.

1.2 Was und wer ist betroffen?

Dies sind die häufigsten Fragen, die von Unternehmen, die an der ISO 9000 interessiert sind, gestellt werden: was bedeutet die Einführung eines ISO 9000er-Systems für unser Unternehmen und wer macht dies?

Eigentlich kann ein Teil der Frage direkt beantwortet werden: im Grunde genommen wird in Zukunft von allen Herstellern, speziell denjenigen, die an öffentliche oder multinationale Abnehmer verkaufen, erwartet, daß sie die 9000er-Norm eingeführt haben. Es ist also eine marktpolitische und auch eine überlebenswichtige Entscheidung für ein Unternehmen, den ISO 9000er-Weg zu gehen. Nicht nur für Produkt-Hersteller, auch für Dienstleistungsunternehmen wird jetzt die Einführung der 9000er-Norm zu einem Marktvorteil, da die Dienstleister einen eigenen Leitfaden ISO 9004 Teil 2 bekommen haben.

Die Antwort auf die Fragen, was die Folgen sind und wer dies alles umsetzt, steht im einzelnen im Inhalt dieses Buches, aber einige Hinweise sollen an dieser Stelle vorab gegeben werden. Mit der Einführung der ISO 9000 werden zwei fundamentale Vorgänge in einem Unternehmen ausgelöst. Zum einen wird bewirkt, daß eine Qualitätsphilosophie ins Unternehmen eingeführt wird. Zum anderen belegen dies in den meisten Fällen die Unternehmen nach außen hin mit einer Zertifizierung durch eine unabhängige dritte Stelle. Das Unternehmen demonstriert seinen ISO 9000er-Status gegenüber dem Kunden mit einem Zertifikat. Durch die ISO 9000 wird eine Menge bedeutender und auch kritischer Forderungen befriedigt, wie sie sich heute in einem sich industriell und absatzpolitisch wandelnden Umfeld für ein Unternehmen darstellen. Forderungen in diesem Sinne drücken sich in sich ändernden Gegebenheiten des Marktes, in gesetzlichen Aspekten, in Produktivität sowie im sich wandelnden Zuliefer-Abnehmer-Verhältnis aus.

1.3 Marktstrategische Überlegung

Die 9000er-Norm ist für viele Hersteller, welche Zulieferer für große internationale Unternehmen sind, zwingend geworden. Das gilt besonders für die Elektronik-, Computer-, Luftfahrt-, Transport-, Maschinenbau- und Nuklearindustrie. Industrien, die bereits ihre eigenen stringenten Kontrollnormen hatten, wie Pharmazie und Gesundheitswesen, übernehmen zur Zeit die ISO 9000er-Serie als zusätzlichen Nachweis über ihre Qualitätsfähigkeit.

In einer EG-Richtlinie zur Vergabe von Aufträgen der öffentlichen Hand ist ersichtlich, daß in Zukunft die öffentlichen Beschaffungsstellen nur noch zertifizierte Unternehmen berücksichtigen sollen. Dieser riesige, multimilliarden schwere Beschaffungsmarkt der öffentlichen Hand aller EG-Mitgliedsstaaten ist zunehmend dann nur denjenigen Unternehmen offen, die die Erfüllung der Forderungen der ISO 9000 durch ein Zertifikat belegen können.

(d.Ü.: zur Zeit beschränkt sich diese Richtlinie auf bestimmte Produkt-Bereiche und Auftragswerte von mind. 400 000 ECU)

1.4 Rechtliche Aspekte

Der wichtigste rechtliche Aspekt zur ISO 9000 ist die Tatsache, daß nur diese Norm von allen nationalen Normungs- und Zertifizierungsgesellschaften in der EG akzeptiert wird. Sie hat andere nationale Normen ersetzt und wird hoffentlich auch die zahlreichen "Lieferantenbewertungen" und die damit verbundenen Audits, die von großen Abnehmern den Zulieferern aufgebürdet werden, ersetzen. Die Norm wurde in gleicher Weise von den Ländern der EFTA als auch der übrigen Welt anerkannt.

Ein weiterer wichtiger rechtlicher Aspekt ist die Einbeziehung der ISO 9000 in Fälle der Produkthaftung. Sie hilft wesentlich, Schadensersatzansprüche durch Haftung für fehlerhafte Produkte zu vermeiden. Wenn auf der einen Seite eine Produktnorm den Stand der Technik für dieses Produkt vorgibt, so belegt ein zertifiziertes QS-System den hohen Stand der Fehlervermeidung.

Wie bei den marketingtechnischen Überlegungen angeschnitten, unterstützt ein ISO 9000er-Zertifikat die rechtliche Position eines Unternehmens, über die Grenzen in den öffentlichen Beschaffungsmarkt eines Nachbarlandes liefern zu können. Tatsächlich will das vereinte Europa ab 1993 staatlichen Behörden ausdrücklich vorschreiben, Aufträge nicht mehr an EG-Unternehmen zu vergeben, die die vereinheitlichten technischen Normen nicht übernommen haben. Die Beseitigung der technischen Handelshemmnisse ist ein großer Schritt zur Entwicklung des EG-Binnenmarktes.

1.5 Richtlinienwelt im Wandel

Die ISO 9000 ist eine "freiwillige" Norm, denn es gibt keine direkten rechtlichen Vorgaben zur Erfüllung. Wie wir es derzeit erleben, kann aber eine Norm genau so gut zu einem Muß werden, wenn die Kunden die Umsetzung erwarten.

An dieser Stelle erscheint es nun wichtig daraufhinzuweisen, daß eine "freiwillige" Norm aber auch gesetzlichen Charakter annehmen kann. Wenn nämlich die Industrie durchweg diese Norm annimmt und umsetzt, wird sie dadurch zum allgemeinen Stand der Technik. Und dieser allgemeine Stand der Technik wird bei der Rechtssprechung im Rahmen der Produkthaftung zugrunde gelegt. Wenn es also heute zu den allgemeinen Pflichtenkreisen eines Unternehmens gehört, Qualitätsmanagement nach ISO 9000 zu betreiben, dan kann man voraussetzen, daß Produktprüfungen in einem Maße durchgeführt werden, die einen sicheren Gebrauch des Produktes ermöglichen.

1.6 Management und Produktivität

Auf vielen der heutigen internationalen Geschäftskonferenzen hört man die Redner über den sich ändernden Markt und die industrielle Umwelt diskutieren, die Folgen für die Industrien sind kürzere Designzyklen, weniger Zeit um auf den Markt zu gehen, sich verschärfende Forderungen, höhere Qualitätsstandards, Abbau der Zulieferer. Die Berücksichtigung dieser Punkte führt zu neuen, integrierenden und flexiblen Managementkonzepten.

ISO 9000 ist ein vorgefertigtes System, welches ein integriertes, aber flexibles Qualitätsmanagement vorstellt, das zusammen mit einem übergeordneten Informationsmanagementsystem angewendet werden kann.

Ein herausragendes Merkmal der ISO 9000 für ein Unternehmen ist, daß sie gleichzeitig zwei Vorteile bietet: Sicherung von Qualität und gleichzeitig Reduzierung von Ausschuß, Ausfallzeiten und ineffizienter Arbeit.

1.7 Das sich wandelnde Kunden-Lieferanten -Verhältnis

Eine zunehmende Veränderung ist am Zulieferer-Markt zu verzeichnen. Große Unternehmen reduzieren die Anzahl ihrer Lieferanten, und mit den wenigen übrigbleibenden werden engste Beziehungen geknüpft. Dies geht soweit, daß die Grenzen zwischen den Unternehmen mehr und mehr durchlässig werden. Das zuliefernde Unternehmen ist im abnehmenden Unternehmen teilweise schon personell vertreten, wie es in der Autoindustrie inzwischen anzutreffen ist. Der Zulieferer verbaut die von ihm hergestellten Teile direkt am Band des Abnehmers. Andererseits ist der Kunde immer häufiger im zuliefernden Unternehmen vorstellig, um Produkt- und QS-Systembewertung vorzunehmen. Auf diesem Nährboden war das epidemische Wachstum der ISO 9000er-Serie geradezu verständlich.

2

Hintergrund zur ISO 9000er-Norm

Vieles, was in diesem Kapitel gesagt wird, mag für denjenigen, der sich schon mit der 9000er-Thematik beschäftigt hat, bekannt und selbstverständlich sein. Jedoch ist es eine schwierige Aufgabe für einen Qualitätsbeauftragten, gerade diese selbstverständlichen Sachverhalte den Abteilungsleitern und auch den Mitarbeitern in der ausführenden Ebene zu erklären. Hierzu mag das folgende Kapitel den Q-Beauftragten unterstützen, wenn er in Präsentationen die Normen und deren Beziehungsgeflecht erklären soll.

2.1 Produkt-Normen

In jedem Land gibt es Tausende von Normen und Richtlinien zu Produkten, die von Normungsinstituten (d.Ü.: und in Deutschland von Verbänden/Vereinen) erstellt werden. Die meisten Produkte in unserem täglichen Umgang sind von Normen und Richtlinien betroffen. Diese Normen und Richtlinien legen Anforderung an die Eigenschaften eines Produktes fest, auch legen sie fest, wie einzelne Bestandteile zu einem neuen Produkt verarbeitet werden sollen (z.B. bei Zement). Einige wenige solcher Normen und Richtlinien haben rechtlich bindenden Charakter, auch wirtschaftliche Überlegungen machen Normen und Richtlinien zu Produkten unumgänglich. Beispiele für Normen mit rechtlichem Charakter sind elektrische Sicherheit, Ungiftigkeit von Farben auf Kinderspielzeug, Sicherheit von klappbaren Kinderwagen, Entflammbarkeit von Möbeln und Hausausstattung wie Gardinen etc. Hiermit soll unterstrichen werden, daß es ein System von Normen und Richtlinien gibt, welches eine gesamte Produktherstellung beeinflußt. Die ISO 9000er-Serie befindet sich oberhalb solcher Produktnormen und beschreibt Anforderungen an ein QS-System. ISO 9000 ist keine Produktnorm, sie ist eine Systemnorm, gegen die QS-Systeme gegengeprüft werden.

2.2 Messen, Prüfen und Eichen

Vieles in unseren tagtäglichen Abläufen ist mit einem Meßprozeß verbunden, angefangen vom Zapfen der richtigen Biermenge über den Tankvorgang eines Automobils bis hin zur zulässig abgegebenen Menge von Röntgenstrahlung im Krankenhaus. Alle diese Vorgänge unterliegen einer ständigen Überwachung nationaler Behörden (d.Ü.: in Deutschland den Eichämtern). Diese nationalen Behörden sind ein Glied in der Kalibrierkette, die bei der PTB- der Physikalisch-Technischen Bundesanstalt in Braunschweig endet. Diese wiederum ist angeschlossen an international gültige „Urmaße“.

Diese Kalibrierkette spielt eine bedeutende Rolle in der 9000er-Normenreihe, denn die Meß- und Prüfvorgänge in der Fertigung werden von den Normen ausführlich behandelt (d.Ü.: siehe hierzu auch DIN/ISO 10 012 - Forderungen an die Qualitätssicherung von Meßmitteln). Es muß nachgewiesen werden, daß sowohl die Meß- und Prüfvorgänge als auch die gesamte Prüfmittel-Überwachung normkonform durchgeführt wird. Ein in einem Unternehmen vorhandener Meßraum muß also an die Kalibrierkette angeschlossen sein, alle im Unternehmen eingesetzten Prüfmittel unterliegen einer regelmäßigen Überwachung. Die Überwachungsstellen ihrerseits müssen nach weiteren ISO-Normen der ISO 45 000-Serie akkreditiert sein.

2.3 Qualitätsmanagement-Systeme

Die ISO 9000er-Normenreihe ist eine Norm für QM-Systeme. Diese QM-Systeme werden zum einen von Produktnormen beeinflußt und schließen die Prüfung der Produktqualität ein, weitergehend als solche Produkt-Normen spannt die 9000er-Serie aber den Bogen von der Beschaffung bis zur Auslieferung und schließt die Überwachung des Fertigungsprozesses ein.

Der Ursprung der Norm findet sich größtenteils in der militärischen und der nuklearen Industrie wieder, in der die Technik der Lieferantenbewertung üblich ist. Große Abnehmer führen regelmäßig Audits bei den Zulieferern durch und untersuchen deren QS-Systeme. Dies führte dazu, daß die zuliefernde Industrie durch die vielfältigen Audits ihrer Kunden zusätzlich belastet wurde, aber auch die Abnehmer wiederum ihre Aufwendungen durch Reduzierung der Anzahl von Audits heruntersetzten. In einem weiteren Rationalisierungsschritt wurden dann die Anzahl der Zulieferer verringert, was den Bewertungsaufwand für Lieferanten nochmals reduzierte.

BSI, das brititsche Normungsinstitut, antwortete auf diese Entwicklung mit dem Versuch eines nationalen Systems für Lieferantenbewertung, der BS (= britische Norm) 5750. Diese Norm wurde das Entwicklungsmodell für die ISO 9000er Familie, dem heute EG-weit akzeptierten Standard für QS-Systeme.

(d.Ü.: In der deutschen Literatur ist zu finden, daß das DIN die Gründung des ISO/TC 176 (TC = technisches Komitee) angeregt hat. Dieses Komitee hat dann die ISO 9000-er Serie entwickelte, wodurch ein nationales Normungsvorhaben DIN 55355 scheiterte.)

2.4 Europäische Normung

CEN ist das Europäische Komitee für Normung. CENELEC ist das Europäische Komitee für elektrotechnische Normung. CEN und CENELEC behandeln jeweils allgemeine Normen und elektrotechnische Normen.

Die Mitglieder von CEN bilden sich aus Vertretern von nationalen Normungsinstitutionen aus Ländern der EG und EFTA (European Free Trade Association) - namentlich BSI (UK), DIN (Deutschland), AFNOR (Frankreich), NSAI (Irland). Die Mitglieder der CENELEC sind Vertreter elektrotechnischer Vereinigungen aus Ländern der EG und EFTA - namentlich BEC (UK), DKE (Deutschland), ETCI (Irland).

CEN/CENELEC bilden die "Gemeinsame Europäische Normungsinstitution" und schlagen der DG III (Binnenmarkt) als alleinige europäische Vereinigung technische Normen (EN-Normen) vor. Diese EN-Normen werden dann im Harmonisierungsverfahren zu nationalen Normen. Die EFTA-Länder haben diesem Verfahren ebenfalls zugestimmt, so daß der EG ein hochentwickeltes und einheitliches Normungssystem zur Verfügung steht.

Im Jahr 1987 beantragte die EG-Kommission bei CEN/CENELEC, die internatinale 9000er-Normenreihe auch als europäische Norm zu übernehmen, sprich zu harmonisieren. Diese Entscheidung der EG-Kommission war zur Gestaltung des europäischen Binnenmarktes von großer Bedeutung. Um zu hinterleuchten, wie dieser Vorgang möglich wurde, wenden wir uns der ISO, der Internationalen Normungsorganisation mit Sitz in Genf zu.

ISO vereinigt weltweit die nationalen Normungsinstitutionen unter einem Dach. Alle EG- und auch die EFTA-Länder gehören selbstverständlich zur ISO. Um 1977 herum erarbeiteten verschiedene Länder eigene nationale Normen zur Qualitätssicherung, so z.B. Deutschland die DIN 55355, England die BS 5750. Zur selben Zeit formierte sich das technische Komitee TC 176, um ein einziges, übergreifendes Normenwerk zu schaffen. Das Arbeitsziel des TC 176 war es, die verschiedenen Normentwürfe zusammenzubringen, denn diese nationalen Normentwürfe waren sich im wesentlichen sehr ähnlich. In diesem Zusammenhang ist es interessant zu erwähnen, daß Irland 1981 zur TC 176 dazustieß und direkt die ISO 9000er-Serie als nationale Norm übernahm, ohne vorher eigene Normen in Arbeit gehabt zu haben. Damit hatte Irland das Glück, direkt auf ISO 9000 zu gehen. (d.Ü.: in Deutschland wurde das nationale Vorhaben DIN 55355 beendet.) Die Pionierarbeit bezüglich des 9000er-Inhalts wurde von England in Form des BS 5750 geleistet.

Inzwischen hat das ISO-Verfahren (schrittweise Übernahme von Norm-Entwürfen in Vorlagen zu nationalen Normen und deren Inkraftsetzung) weltweit Anerkennung gefunden. Ende 1992 mit Beginn des Binnenmarktes übernahm die EG formal die ISO 9000, bis dahin hatten aber die meisten Länder ISO 9000 schon als nationale Norm übernommen. Wenn wir alleine den Markt der Beschaffung durch die öffentliche Hand betrachten, öffnet sich ein Volumen von Billionen ECU, der bis dahin nur national zugänglich war. Eine EG-Richtlinie zur Vergabe von öffentlichen Aufträgen schränkt die Vergabe von Aufträgen jedoch auf Vertragspartner mit ISO 9000er-Zertifikat ein. Es scheint also unumgänglich, sich um eine Zertifizierung zu bemühen.

Neben den EN-Normen gibt es auch EG-Richtlinien, wie gerade erwähnt. EG-Richtlinien haben nicht zur Absicht, daß ihre Inhalte rechtlich bindend umgesetzt werden müssen, ihre Intention ist, Grundlagen für nationale Richtlinien zu liefern, z.B. Gesundheit, Sicherheit, Umwelt. Das CE-Zeichen ist z.B. das Ergebnis dieser Richtlinien-Politik.

2.5 Der Begriff Qualität

An dieser Stelle sollen einige Erklärungen für den Begriff Qualität aus Unternehmenssicht folgen. Im Rahmen von Schulungen der Belegschaft ist es vielleicht angebracht, zuerst den Begriff Qualität zu erläutern, bevor in die Materie der ISO 9000ff eingestiegen wird.

2.5.1 Was ist Qualität?

Qualität läßt sich mit Gebrauchstauglichkeit und Erfüllung von Forderungen erklären. Qualität bezieht sich auf das Produkt, welches anforderungsgerecht entworfen und hergestellt ist. (d.Ü.: auch ein Engländer hat es nicht einfach, den Begriff salopp zu erklären; der deutsche Normentext ist da auch nicht besser, deshalb an dieser Stelle eine heutzutage häufig benutzte Erläuterung: Qualität ist, wenn die Kunden zurückkommen, nicht die Produkte.)

2.5.2 Was ist Qualitätsmanagement?

Qualitätsmanagement setzt sich im wesentlichen aus drei Bestandteilen zusammen:

aus

- Zielvorgaben
- Normen
- und einem System.

2.5.3 Zielvorgaben

In den nachfolgenden Kapiteln werden die Forderungen der 9000er-Normen dargestellt, angefangen bei der zu Papier gebrachten Qualitätspolitik des Unternehmens über die klare Unternehmensorganisation bis hin zu detaillierten Verfahrensabläufen für jeden Fertigungsschritt von Beschaffung bis zu Auslieferung.

2.5.4 Normen

Im Zusammenhang mit einem QS-System werden viele Normen und Richtlinien angewendet: Normen bzgl. zugekaufter Teile und Halbzeuge, Richtlinien zur Lieferantenbewertung, Fertigungsvorgaben, Produktnormen usw. Diese Normen und Richtlinien finden sich größtenteils in den Verfahrensanweisungen wieder, welche einzelnen Kapiteln eines QS-Handbuches angehängt werden.

2.5.5 Das System

Zielvorgaben und Verfahrensabläufe alleine genügen nicht. Es muß ein System vorhanden sein, welches die Vorgänge der Beschaffung, des Wareneingangs, die Prozeßfähigkeit, Endprüfung und Auslieferung überwacht und dokumentiert. Elemente eines solchen Systems sind z.B. Prüfdurchführung, Prüfmittel-Ausstattung und die Prüfmittel-Überwachung.

2.5.6 Wie kann dies umgesetzt werden?

Die Geschäftsführung eines Unternehmens sollte die Notwendigkeit eines ISO-9000er-QS-Systems erkennen. In erster Instanz sollte eine Q-Politik formuliert werden, die eine Absichtserklärung für Qualität und Kundenzufriedenheit sein muß. In einem weiteren Schritt müssen Verantwortlichkeiten geregelt werden. Wenn das Management an diesem Punkt schon auf Schwierigkeiten stößt, sollte ein externer Berater zur Hilfestellung hinzugezogen werden.

Die folgenden Bedingungen sollten abgeprüft werden:

- das Management muß klare Ziele definieren (+ freigeben);
- die Qualitätsbotschaft muß jeden Mitarbeiter erreichen und von ihm verstanden werden;
- Ausstattung, Verfahren, Werkzeuge müssen verfügbar sein;
- die richtige Information muß die richtigen Leute zur richtigen Zeit erreichen;
- es muß ein Überwachungssystem vorhanden sein.

2.5.7 Wenn es an Qualität mangelt

Es ist viel eher wahrnehmbar, wenn Qualität nicht vorhanden ist. Wenn jeder Arbeitstag eher wie eine Schlacht geführt wird und nicht wie ein geplanter Bühnenauftritt aussieht, ist dies ein Anzeichen für kein QS-System. Wenn die Produktqualität Tag für Tag „gerade noch hinhaut", ständig Sonderfreigaben, Nacharbeit und Abweichung das Tagesgeschäft füllen, deutet dies auf schlechtes QS-Management hin. Diese ganzen nachbessernden Tätigkeiten verteuern durch Verschwendung von Ressourcen ein Produkt unnötig. Der Kunde, der dies durchschaut, fragt sich mit Recht, ob dieser Preis von ihm gezahlt werden muß. Zum Beispiel ist eine einmalige Auslieferung eines Produktes ohne weitere Nebenkosten für Rücksendung und Nachbesserungen an einem Produkt ein Q-Indikator. „Auf Anhieb richtig" ist eine Devise, die für gute Qualität steht.

2.5.8 Prüfung versus Genauigkeit

Sortier-Prüfungen werden oft als Gegenmittel für schlechte Qualität eingesetzt, deuten aber auch auf schlechte Qualität hin. Dieser Zustand tritt verstärkt zutage, wenn die Meinung vertreten wird: die Kontrolle wird´s schon aussortieren. Ein gutes QS-System benötigt im Grunde genommen keine Endprüfung mehr, denn die Überwachung der Qualität sollte prozeßbegleitend stattfinden. Bestimmte Industriezweige sind sehr kritisch (Luftfahrt, Kernkraft, Medizin), jeder Vorgang muß gleichzeitig überwacht werden: nach einer Operation ist es zu spät zu prüfen, ob der Patient noch lebt, der Anaesthesist muß während der Operation den Zustand des Patienten überwachen; ein Flugzeug wird zur Endprüfung auch nicht wieder in alle Einzelteile zerlegt, sondern muß nach dem ersten Abheben in der Luft fliegen bleiben.

2.5.9 Nachweisführung und Zertifizierung

Im Sinne der ISO-9000er-Normen ist Nachweisführung mehr als die Archivierung von Prüfprotokollen. Nachweisführung bedeutet Offenlegung von Abläufen zwischen Zuliefern und Herstellern sowie Herstellern und Kunden / Endverbrauchern. Es gibt nichts zu verbergen, im Gegenteil, Qualität soll demonstriert werden. Qualität wird zur Unternehmensphilosophie, zum Unternehmenszweck, der Kunde und seine Zufriedenheit stehen im Vordergrund. Ein Ziel hierbei ist die Zertifizierung des eigenen QS-Systems und selbstverständlich die Information an die Kunden über das ISO 9000er Zertifikat. Die Devise könnte heißen: go for ISO 9000!

2.5.10 Rückverfolgbarkeit

Der Begriff Rückverfolgbarkeit zieht sich durch das gesamte Normenwerk. Rückverfolgbarkeit bedeutet, daß nach Fertigstellung und Auslieferung die Entstehungsgeschichte einens Produktes nachvollzogen werden kann und auch die Herkunft der Komponenten bekannt ist. Es muß nachvollziehbar sein, wer für welchen Fertigungsschritt verantwortlich gezeichnet hat. Dies erfordert zwangsläufig eine umfassende Dokumentation.

2.5.11 Dokumentation

Das Thema Dokumentation ist ein zentrales Thema der 9000er-Normen und deren eigentliches Anliegen. Die 9000er-Normen umsetzen heißt ein Qualitätssicherungs-Handbuch zu erstellen, in dem das QS-System des Unternehmens beschrieben wird. Die Einführung des QS-Systems wiederum führt zu einer umfassenden Dokumentation sowohl der Fertigungsprozesse (= Dokumente über Prüfungen) als auch der Geschäftsprozesse (= Vertragsprüfung, Lieferantenauswahl). In Verfahrensanweisungen werden jeweils Vorgänge generell behandelt, Arbeitsanweisungen detaillieren Abläufe.

Die Ausgangssituation bezüglich des Dokumentenwesens (oder Unwesens) mag von Unternehmen zu Unternehmen unterschiedlich sein. Hersteller von sicherheitsrelevanten Teilen werden bisher über diese Teile eine Dokumentation geführt haben. Unternehmen, die in den Bereich Chemie oder auch Kernenergie liefern, sind von den Abnehmern zur Führung von Unterlagen über ihre Produkte verpflichtet. Im Rahmen der Produkthaftung wird davon gesprochen, daß es zu den Pflichtenkreisen eines Unternehmens gehört, dem Stand der Technik entsprechend über die Sicherheit von Produkten "Buch zu führen". (d.Ü.: Zusammenfassend kann gesagt werden, daß die Einführung der ISO-9000er Norm ins Unternehmen in den meisten Fällen weitreichende Auswirkungen in das Dokumentarwesen hat).

2.5.12 Zertifizierung

Ist erst einmal ein Qualitätsmanagement-System eingeführt, kann man eine bessere Übersicht über das Unternehmen und Überwachung der Vorgänge erwarten. Vorteile werden sich durch Reduzierung von Ausschuß und Nacharbeit ergeben, die Kundenbeziehungen werden verbessert, u.U. wird das Geschäftsergebnis profitabler. Jedoch ohne Zertifizierung werden sowohl z.B. die öffentlichen Beschaffungsstellen als Kunden wegfallen als auch Unternehmen, die eine Lieferantenbewertung nach ISO 9000 führen und sich für Zulieferer mit Zertifikat entscheiden. Man sollte sich also schon während der Einführung eines QS-Systems nach den Zertifizierungsstellen erkundigen, die es in jedem EG-Land gibt.

(d.Ü.: eine aktuelle Zusammenstellung der Adressen der Zertifizierer kann beim Übersetzer per Fax 0241/156345 angefordert werden.)

Der Vorgang der Zertifizierung läuft nach festen Regeln ab, wobei sich die Zertifizierungsagenturen im wesentlichen nicht voneinander unterscheiden. Die Kosten im Rahmen des Zertifikats können sehr stark schwanken, da die Zertifizierer in ihren Gebührentabellen unterschiedliche Zeiträume für die Gültigkeit des Zertifikats zugrundelegen. Ein Vergleich kann hier eine Menge Geld sparen.

3

Definition der ISO 9000

Im Jahre 1987 veröffentlichte die ISO die ersten fünf internationalen Normen über Qualitätssicherung, bekannt als die ISO 9000er-Normen. Seinerzeit wurden die neuen Normen als Ergebnis aller gültigen und allgemein anwendbaren Prinzipien zu Qualitätssicherungssystemen beschrieben. Sie sollten das Ergebnis der Abstimmung zwischen den auf der Welt vertretenen Normungsinstitutionen darstellen und als Basis einer neuen Ära des Qualitätsmanagements dienen.

3.1 Status der Normenserie

Übersicht über die Normen zum Qualitätsmanagement Stand Oktober 1993

Norm	Entwürfe / Vorlagen	
DIN ISO 9000 (05/90)		Qualitätsmanagement- und Qualitätssicherungsnormen - Leitfaden zur Auswahl und Anwendung; (identisch mit ISO 9000:1987) EN 29 000:1987
	DIN ISO 9000 Teil 1 (Entwurf 06/93)	Normen zu Qualitätsmanagement und zur Darlegung von Qualitätsmanagementsystemen - Leitfaden zur Anwendung (geplanter Ersatz von DIN ISO 9000)
	DIN ISO 9000 Teil 2 (Entwurf 03/92)	Qualitätsmanagement- und Qualitätssicherungsnormen - Allgemeiner Leitfaden zur Anwendung von ISO 9001, ISO 9002 und ISO 9003; identisch mit ISO/DIS 9000-2:1991
DIN ISO 9000 Teil 3 (06/92)		Qualitätsmanagement- und Qualitätssicherungsnormen - Leitfaden für die Anwendung von ISO 9001 auf die Entwicklung, Lieferung und Wartung von Software; identisch mit ISO 9000-3:1991
	DIN ISO 9000 Teil 4 (Entwurf 05/92)	Qualitätsmanagement- und Qualitätssicherungsnormen - Anwendung auf das Zuverlässigkeitsmanagement (identisch mit ISO/DIS 9000-4:01/1992)
DIN ISO 9001 (05/90)		Qualitätssicherungssysteme - Modell zur Darlegung der Qualitätssicherung in Design/Entwicklung, Produktion, Montage und Kundendienst; (identisch mit ISO 9001:1987) EN 29 001:1987
	DIN ISO 9001 (Entwurf 06/93)	Qualitätsmanagementsysteme - Modell zur Darlegung des Qualitätsmanagementsystems in Design/Entwicklung, Produktion, Montage und Kundendienst (geplanter Ersatz für DIN ISO 9001)

DIN ISO 9002 (05/90)		Qualitätssicherungssysteme - Modell zur Darlegung der Qualitätssicherung in Produktion und Montage; (Identisch mit ISO 9002: 1987) EN 29 002: 1987
	DIN ISO 9002 (Entwurf 06/93)	Qualitätsmanagementsysteme - Modell zur Darlegung des Qualitätsmanagements in Produktion und Montage (geplanter Ersatz für DIN ISO 9002)
DIN ISO 9003 (05/90)		Qualitätssicherungssysteme - Modell zur Darlegung der Qualitätssicherung bei der Endprüfung; (Identisch mit ISO 9003: 1987) EN 29 003: 1987
	DIN ISO 9003 (Entwurf 06/93)	Qualitätsmanagementsysteme - Modell zur Darlegung des Qualitätsmanagements bei der Endprüfung (geplanter Ersatz für DIN ISO 9003)
DIN ISO 9004 (05/90)		Qualitätsmanagement und Elemente eines Qualitätssicherungssystems - Leitfaden; (Identisch mit ISO 9004: 1987) EN 29 004:1987
	DIN ISO 9004 Teil 1 (Entwurf 06/93)	Qualitätsmanagement und Elemente eines Qualitätsmanagementsystems - Leitfaden (geplanter Ersatz für DIN ISO 9004)
DIN ISO 9004 Teil 2 (06/92)		Qualitätsmanagement und Elemente eines Qualitätssicherungssystems - Leitfaden für Dienstleistungen; Identisch mit ISO 9004-2:1991
	DIN ISO 9004 Teil 3 (Entwurf 07/92)	Qualitätsmanagement und Elemente eines Qualitätssicherungssystems - Leitfaden für verfahrenstechnische Produkte; (Identisch mit ISO/DIS 9004-3:03/1992)
	DIN ISO 9004 Teil 4 (Entwurf 07/92)	Qualitätsmanagement und Elemente eines Qualitätssicherungssystems - Leitfaden für Qualitätsverbesserung; (Identisch mit ISO/DIS 9004-4:03/1992)

	DIN ISO 9004 Teil 6 (Vorlage 05/92)	Qualitätsmanagement und Elemente eines Qualitätssicherungs-systems - Leitfaden für Qualitätssicherungspläne
	DIN ISO 9004 Teil 7 (Vorlage)	Qualitätsmanagement und Elemente eines Quali-tätssicherungssystems - Konfigurationsmanagement
DIN ISO 10 011 Teil 1 (06/92)		Leitfaden für das Audit von Qualitätssicherungssystemen - Auditdurchführung: Identisch mit ISO 10 011-1:1990
DIN ISO 10 011 Teil 2 (06/92)		Leitfaden für das Audit von Qualitätssicherungssystemen - Qualifikationskriterien für Qualitätsauditoren; Identisch mit ISO 10 011-2:1991
DIN ISO 10 011 Teil 3 (06/92)		Leitfaden für das Audit von Qualitätssicherungssystemen - Management von Auditprogrammen; Identisch mit ISO 10 011-3:1991
DIN ISO 10 012 Teil 1 (06/92)		Forderungen an die Qualitätssicherung für Meßmittel - Bestä-tigungssystem für Meßmittel; Identisch mit ISO 10 012-1:1992
	DIN ISO 10 013 (Entwurf)	Qualitätsmanagement; Leitfaden für die Entwicklung von Qualitätssicherungs-Handbüchern

Diese Übersicht wurde freundlicherweise von der DQS-Berlin zur Verfügung gestellt.

Die Europäische Gemeinschaft hat diese ISO-Normen 1987 als EN-Europa-Normen (EN) übernommen und unter EN 29000ff veröffentlicht.

ISO 9000 versteht sich als "Gebrauchsanleitung" der Normen 9004 sowie 9001/9002/9003 und stellt in ihrer neuen Version eine "Straßenkarte" dar. ISO 9000 und 9004 liefern Erläuterungen für jedes Element eines QS-Systems und bieten damit ein "Kochbuch" und die "Zutaten" an.

3.1.1 Die drei Modelle

Modell 1 ISO 9001

Diese Norm 9001 sollte von denjenigen Unternehmen angewendet werden, die ihren Kunden darlegen wollen, daß sie die festgelegten Forderungen während des gesamten Zyklus vom Design bis zum Kundendienst erfüllen. Die 9001er-Norm kommt vor allem dann zum Tragen, wenn das Vertragsverhältnis zwischen Kunde und Lieferant ausdrücklich Designleistungen verlangt und Forderungen in konkreten Leistungsangaben (wie Geschwindigkeit, Kapazität, Menge) festgelegt sind.

Die 9001 ist die umfassendste Norm und enthält alle Elemente der 9004er-Norm in vollem Forderungsumfang.

Modell 2 ISO 9002

Wenn das Design eines Produktes festgelegt ist (Schrauben, Zement), ist die Anwendung der ISO 9002 angebracht, welche die Darlegung der Fähigkeiten eines Herstellers bezgl. seiner Produktion und Montage verlangt. Die 9002 ist weniger streng als die 9001.

Modell 3 ISO 9003

In einigen wenigen Fällen reicht es auch, wenn der Hersteller die Produkt-Fähigkeiten im Rahmen einer Endprüfung belegt. Dies trifft vor allem dann zu, wenn das Produkt aus Teilen von "zertifizierter" Herkunft entsteht. Die Hälfte der Elemente der 9004 werden hier in weniger strengem Maße verwendet.

3.2 Fertigung

In seiner ursprünglichen Konzeption zielten die ISO 9000er Normen für Qualitätsmanagement und Qualitätssicherung auf den Bereich der produzierenden Unternehmen. Die Normen liefern eine Basis, um Q-Politik und Qualitätssicherung in einen Handlungsplan umzusetzen. Sie erlauben in verschiedenen "Härtestufen" den Nachweis, daß ein angemessenes QS-System besteht.

Die Normenreihe 9000 trifft für Unternehmen zu, die Produkte designen, entwikkeln, herstellen, montieren und durch einen Kundendienst warten können. Ebenso deckt die Normenreihe Unternehmen ab, die nur eine Qualitätssicherung für die laufenden Fertigung eines schon entwickelten Produktes (d.Ü.: z.B. Schrauben, Halbzeuge usw.) nachweisen möchten. In wenigen Fällen wird die Norm nur für den Bereich der Endprüfung von Produkten angewendet (d.Ü.: z.B. nur Montage von zugelieferten, geprüften Bauteilen und danach Funktionsprüfung).

Die Normenreihe hat enorme Auswirkungen auf die produzierenden Unternehmen sowohl weltweit als auch insbesondere auf die, die im EG-Markt agieren. Und sie hat tiefgreifenden Einfluß auf die Beziehungen zwischen Zulieferer und Abnehmer auf der einen Seite als auch zwischen Lieferanten und Kunden auf der anderen Seite. Spezielle Vorteile ergeben sich für Unternehmen, die die Normenreihe umgesetzt haben und u.U. auch ein Zertifikat darüber besitzen:

- Verbesserungen in Fertigung, Materialwirtschaft, Qualitätsmanagement
- Verbesserungen in Produktivität und Ausführungsqualität
- Vermeidung von Ausschuß und Nacharbeit
- klare Informationswege, eindeutige Verantwortlichkeiten und Befugnisse
- intensivere Beziehung zum Kunden

Die 9000er Normenreihe wird nicht jeden einfachen Herstellerbetrieb in ein Super-Produktivitäts-Gebilde umwandeln - dafür bedarf es auch eines talentierten Managements - , aber sie wird unnötige Verschwendung und Verständigungsschwierigkeiten beseitigen und ein handhabbares Überwachungssystem liefern.

3.3 Dienstleister

Die Norm für die Dienstleister ist die ISO 9004 - Teil 2 und lautet vom Titel her: Qualitätsmanagement und Elemente eines Qualitätssicherungssystems - Leitfaden für Dienstleistungen. Sie stellt eine interessante Erweiterung der bisherigen Normenreihe in einen Bereich hinein dar, der bisher von Normen unangetastet war und repräsentiert einen großen Schritt in Richtung qualitativer Meßbarkeit von Dienstleistungen. Wenn diese Dienstleister-Norm sich weit verbreitet, wird sie vielleicht zu einer Gesellschaft führen, in der zwei Klassen von Dienstleistungen angeboten werden: qualitätsgesicherte und andere.

In der Einleitung schreiben die Autoren, daß Qualität und Kundenzufriedenheit bedeutende Themen sind, denen weltweit zunehmende Anerkennung gewidmet wird. Dieser Teil der 9004 geht auf dieses Bewußtsein ein und will ermutigen, Qualitätsaspekte von Dienstleistungen wirksamer zu gestalten.

Eine erste Reaktion hierauf mag die Frage sein, wie denn überhaupt Dienstleistung zu messen ist. Die Norm nimmt an, daß ein Kunde festgelegte oder auch vorausgesetzte Erwartungen an eine Dienstleistung hat. Sie liefert weiterhin eine Anzahl von Elementen, die für ein QS-System einer Organisation relevant sind. Diese sollen auf sämtliche Arten von Dienstleistungen anwendbar sein, sowohl die reine Dienstleistung (d.Ü: Rechtsanwälte, Reisen) als auch die mit einem Produkt verknüpfte (d.Ü: Verkauf von Fahrzeugen, Möbeln, Kleidung).

3.4 Software

Die Norm für Software ist die ISO 9000-Teil 3 mit dem Titel: Qualitätsmanagement und Qualitätssicherungsnormen - Leitfaden für die Anwendung von ISO 9001 auf die Entwicklung, Lieferung und Wartung von Software.

Hiermit wird eine weitere wichtige Entwicklung der Normen sichtbar - war bisher im allgemeinen von Entwicklung und Produktion die Sprache, so wird hier nun ein spezieller Bereiche thematisiert.

Der Kommentar in der Einleitung weist darauf hin, daß der Prozeß der Entwicklung und Wartung von Software sich von dem für die meisten anderen Arten von industriellen Produkten unterscheidet. Die ISO 9000 Teil 3 differiert vom Aufbau her von der ISO 9001. Begründet wird dies damit, daß es in der Natur der Softwareentwicklung liegt, daß es übergreifende und entwicklungsbezogene Tätigkeiten gibt. Die Struktur der hier besprochenen Norm wird mittels eines Anhangs "Querverweise" mit der ISO 9001 abgeglichen.

3.5 Verfahrenstechnische Produkte

Eine weitere, gerade in Entstehung befindliche Norm ist die ISO 9000 - Teil 3 Qualitätsmanagement und Elemente eines Qualitätssicherungssystems - Leitfaden für verfahrenstechnische Produkte. Der Überlegung folgend, daß die Norm zwar generell auf die fertigungstechnische Industrie anzuwenden geht, aber für die verfahrenstechnische Industrie nicht einfach übernommen werden kann, sind in diesem Leitfaden die wichtigsten Elemente dieses Industriezweiges berücksichtigt. Es werden Sicherheitsrichtlinien, gesetztliche und gesellschaftliche Forderungen und Risikoabschätzung behandelt.

Verfahrenstechnische Produkte sind durch Umwandlung erstellte Produkte (End- oder Zwischenprodukte), bestehend aus festen, flüssigen, gasförmigen Stoffen oder Kombinationen daraus, eingeschlossen Massengüter, Barren oder Endlosgütern. Typischerweise werden verfahrenstechnische Produkte in Systemen geliefert wie etwa Rohrleitungen, Fässern, Säcken, Kesseln oder Ballen.

Im wesentlichen liegen die Schwerpunkte dieser Norm auf Prozeßüberwachung und -verfolgung, auf Prüfung und ggfs. daraus abzuleitenden Maßnahmen, auf Identifikation der Prozeßparameter und deren Beeinflußung usw. Alle diese Punkte sind speziell für die verfahrenstechnische Industrie behandelt worden.

4 Die Normen im Detail

4.1 Allgemeines

Die Normen sind nicht zusammenhängend, sondern als einzelne, getrennte Dokumente veröffentlicht worden, numeriert als ISO 8402, 9000, 9001, 9002, 9003 und 9004 ff. Jede Norm kann mit bis zu drei verschiedenen Deckblättern versehen sein.

Das erste Deckblatt gehört normalerweise zu einer nationalen Normungsorganisation der folgenden Länder: Österreich, Belgien, Dänemark, Deutschland, Finnland, Frankreich, Griechenland, Großbritannien, Irland, Italien, Niederlande, Norwegen, Portugal, Schweden, Schweiz oder Spanien. Es kann aber auch, abhängig von der länderspezifischen Organisation der Normung, die Norm als Gesetzestext der Regierung deklarieren.

Auf dem zweiten Deckblatt kann "Europäische Norm EN 29000" o.ä. stehen. Dies sagt aus, daß die Norm von der CEN (Comité Européen de Normalisation), dem Europäischen Komitee für Normung angenommen wurde, dessen Mitglieder die nationalen Normungsorganisationen der oben aufgeführten Länder sind. Es sagt auch aus, daß alle Mitglieder sich verpflichtet haben, diese Europäische Norm einzuführen, und daß alle Referenzen auf ISO auch als EN verstanden werden sollten.

Das dritte mögliche Deckblatt stellt den Bezug zur ISO, der Internationalen Organisation für Normung, her und trägt die Nummern ISO 9000 bis ISO 9004 und den dazugehörigen Titel der jeweiligen Norm. Dieses dritte Deckblatt kann auch mit dem ersten Deckblatt zusammengefaßt sein, wie es zum Beispiel in Deutschland vorzufinden ist.

Alle Normen sind durch ein Copyright geschützt und es ist verboten, diese Normen zu photokopieren.

4.2 Überblick über die ISO 9000er-Serie

An dieser Stelle sollte der Leser die aktuellen Normen zur Hand nehmen und einmal quergelesen haben, da es wenig Sinn macht, sich auf die Normenreihe zu beziehen, wenn sie nicht gelesen worden sind. Ihren Inhalt hier wörtlich zu wiederholen, ist wohl kaum sinnvoll. (d.Ü.: man kann sich beim Buchhändler oder beim Beuth-Verlag in Berlin das DIN-Taschenbuch 226, in welchem die wichtigsten Normen abgedruckt sind, zu einem moderaten Preis bestellen.)

Die wichtigsten Dokumente sind die Begriffsdefinitionen ISO 8402 und verschiedene 9000er-Normen, wie in Abbildung 4.1 gezeigt.

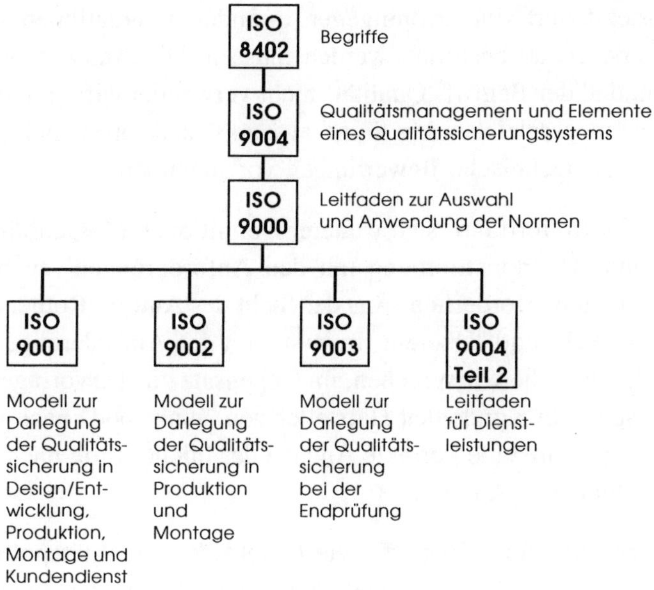

Abbildung 4.1: Die Normenstruktur

4.3 ISO 8402

Qualitätsmanagement und Qualitätssicherung - Begriffe

In dieser ISO-Norm werden all die Begriffe definiert, die in der gesamten Serie verwendet werden, um sich international untereinander verstehen zu können. Der erste Begriff ist "Qualität" und die Definition lautet: "die Gesamtheit von Eigenschaften und Merkmalen eines Produktes oder einer Dienstleistung bezüglich ihrer Eignung, festgelegte oder vorausgesetzte Erfordernisse zu erfüllen". Die darauffolgenden Anmerkungen fahren fort, den Begriff vollständiger zu erklären. Sie betonen, daß die Erfordernisse in einer vertraglichen Situation (z.B. Kerntechnik) meist schon spezifiziert sind, wohingegen in anderen Situationen vorausgesetzte Erfordernisse erst genau bestimmt werden müssen. Die Anmerkungen unterstreichen weiterhin, daß der Begriff 'Qualität' nicht verwendet wird, um einen Grad der Vortrefflichkeit im vergleichenden Sinne auszudrücken, auch nicht, um in einem quantitativen Sinne technische Bewertungen vorzunehmen.

Auch wenn die Norm fortfährt, sich weiterer Definitionen für Qualität als 'Eignung zum Zweck' und 'Übereinstimmung mit den Anforderungen' zu bedienen, sind genauere Erklärungen erforderlich. Aus der Sicht des Autors (Rothery) beschreiben "Eignung zum Zweck" und "Übereinstimmung mit den Anforderungen" treffend die Art von Qualität, über die wir sprechen, im Gegensatz zu "hervorragende Qualität". Wenn zum Beispiel ein Kunde den Hersteller von "junk food" nach seiner exakten Spezifikation fragt, wäre eine korrekte Angabe der Inhaltsstoffe nach den o.g. Definitionen eine "Qualitäts"-Antwort.

Weiterhin erklärt die Norm Begriffe wie Güteklasse, Qualitätspolitik, Qualitätsmanagement, Qualitätssicherung, Qualitätslenkung, Qualitätsmanagementsystem, Qualitätsplanung, Qualitätsaudit und das wichtige Konzept der "Rückverfolgbarkeit". Auch findet man die Definition von "Fehler" und "Spezifikation".

4.4 ISO 9000 Qualitätsmanagement- und Qualitätssicherungsnormen

- Leitfaden zur Auswahl und Anwendung

4.4.1 Allgemeines

Die beiden Normen ISO 9000 und 9004 sollen helfen, ein betriebsinternes Qualitätsmanagementsystem zu entwerfen und ein bestimmtes Modell nach 9001, 9002, 9003 oder 9004 Teil 2 (Dienstleistung) auszuwählen.

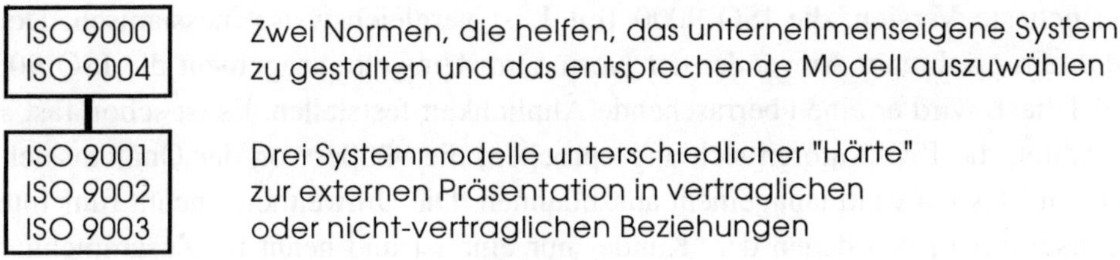

Abbildung 4.2

Die Abbildung 4.2 soll verdeutlichen: der Unterschied zwischen 9000 und 9004 Teil 1 ist, daß uns die 9000 hilft, das Konzept der Qualitätssicherung zu verstehen und das auf das Unternehmen zutreffende Modell (9001, 2, 3) auszuwählen, während 9004 eine Ergänzung zu 9000 ist.

(d.Ü. möchte hier zum Verständnis betonen, daß ISO 9001/9002/9003 die Prüfnormen darstellen, gegen die ein QS-Handbuch geprüft wird, alle anderen Normen sind Leitfäden!)

4.4.2 ISO 9000

Die erste Ausgabe der ISO 9000 hatte ziemlich vage Inhalte, und es war schwierig zu verstehen, warum man eine ISO 9000 und eine ISO 9004 Teil 1 braucht, wobei doch letztere allgemeine Hinweise über die Auswahl der richtigen Normen und Leitfäden enthielt und daher eher mit der ersten als ein zusammenhängendes Dokument veröffentlicht werden sollte.

Die neueste Version, die ISO 9000-Teil 1 ist vergleichsweise messianisch. Denn wenn ein erfahrener Anwender der Norm zum Umweltmanagement die ISO 9000 Teil 1 liest, wird er eine überraschende Ähnlichkeit feststellen. Es ist schon fast so, als hätten die ISO-Autoren sich abgesprochen, die 9000er von der Qualitätssicherung auf das Umweltmanagement auszudehnen. Die Umweltnorm nennt fünf Interessensgruppen, von denen der 'Kunde' nur eine ist und nennt im Zusammenhang mit 'Besitzer' und 'Zulieferer' auch 'Arbeitnehmer' und 'Gesellschaft'. Sie erwähnt speziell Gesundheit und Sicherheit (safety) am Arbeitsplatz, Umweltschutz, Einsparung von Energie und natürlichen Ressourcen und sogar Sicherheit (security). All dies sind die Hauptforderungen der neuen internationalen Norm zum Umweltmanagement, deren erster Entwurf die BS 7750 ist.

Die Zielrichtung der Autoren und ihre Intentionen sind offensichtlich, wenn sie behaupten: "die ISO 9000-Serie liefert zugegebenermaßen einen breit angelegten Lösungsansatz für Managementsysteme im Qualitätsbereich, jedoch können diese Managementprinzipien auch auf andere Gesellschaftsbereiche ausgedehnt werden". Es klingt schon verschwommen, wenn zuerst gefordert wird, daß eine Vereinheitlichung in verschiedenen unterschiedlichen Branchen und Staaten erreicht werden kann, daß aber technische Spezifikationen für andere Bereiche (vermutlich Umwelt, Gesundheit und Sicherheit) an Hand ähnlicher Vorgehensweisen entwikkelt werden können.

Dieser große Gedankensprung könnte zu weit geraten sein. Man braucht nur die BSI-Norm über Umweltmanagementsysteme zu lesen, um richtig einzuschätzen, daß die ISO 9000 für sich alleine ein Umweltmanagementsystem nicht beinhalten kann, zumal in letzterer mehr zu stehen scheint. Zum Zeitpunkt der Drucklegung hatte die Internationale Organisation für Normen ihre Absichten für eine an die ISO 9000er angelehnte Umweltnorm noch nicht angekündigt, obwohl derartige Nachrichten schon zu hören waren.

Der Schwerpunkt des ISO 9000-Dokumentes zielt darauf, die Diskussion über Qualität, über Anforderungen an Qualitätssicherungssysteme und über Anforderungen an Produkte auf ein Niveau zu bringen. Es ist klar, wie auch an anderer Stelle beschrieben, daß die ISO 9000er Norm zwar getrennt von Produktnormen zu verstehen ist, aber Einfluß auf diese ausübt. Die 9000er macht einen interessanten Vorschlag, nämlich sie unterteilt in vier typische Produktkategorien:

* Hardware,
* Software,
* verfahrenstechnische Produkte und
* Dienstleistungen.

Dieser Vorschlag zeugt von der Anwendbarkeit der ISO 9000 auf alle Bereiche. Das Dokument fährt fort, Organisationen in Begriffen wie Netzwerk von Prozessen zu erklären, die Rolle des Qualitätssicherungssystems, der Dokumentation, der Schulung usw. zu diskutieren. Dies alles ist sehr trockener Stoff, wenig Hilfe für einen angehenden Qualitätsbeauftragten.

Etwas hilfreicher ist da schon die Aussage, daß die ISO 9000 Serie für ein Qualitätsmanagement, bei Vertragsabschlüssen und bei der Zertifizierung genutzt werden kann.

Es gibt eine aufschlußreiche Aussage unter dem Begriff Normenvielfalt. Diese Aussage soll hier vereinfacht wiedergegeben werden. Das Statement beginnt damit, daß die ISO 9000-Serie weltweit angewendet wird, einerseits die ISO 9000 ohne Änderungen übernommen wird, andererseits jedoch lokale Versionen entstehen und diese Entwicklung weltweite Normung einschränke und globalen Handel unterdrücke. Diese Feststellung bezieht sich auf regionale Verfälschungen in der Anwendung der Norm auf einigen Märkten. Wenn dies passiert, so führt es zu einer gestörten Anerkennung der betroffenen Industrie und der Zertifizierungsgesellschaften. Die Autoren schließen mit dem positiven Hinweis, daß die aktuellen Entwicklungen des Weltmarktes die Annahme der Norm bestätigen.

Es ist schon bemerkenswert, daß die Autoren ihrer Abneigung gegenüber den nationalen Qualitätskampagnen Ausdruck verliehen, wo spezielle Gütezeichen eine 9000er-Konformität bestätigen sollen oder eigene QS-Systeme nach den 9000er-Regeln entstehen. Ihrer Meinung nach verwirrt dies nur die Unternehmen und verführt zu glauben, ein regionales Programm ist einem internationalen gleichzusetzen.

4.4.3 ISO 9000 - Teil 2

Diese zweite Ergänzung oder Revision der ursprünglichen ISO 9000 Norm trägt den Titel: Allgemeiner Leitfaden zur Anwendung von ISO 9001, ISO 9002 und ISO 9003. Wir haben also eine ISO 9000 - Teil1 und eine ISO 9000, die uns helfen sollen, die Normen ISO 9001, 9002 und 9003 zu verstehen. Warum brauchen wir jetzt eine weitere ISO 9000 - Teil 2? Die Frage ist schwer zu beantworten. In der Einleitung der ISO 9000 - Teil 2 wird dies zu beantworten versucht, das Ergebnis ist verwirrend. Auf der einen Seite wird ausgesagt, daß die Norm nicht beabsichtigt, die Leitfäden, die dem Anwender bereits in anderen Normen gegeben werden, zu kopieren, es andererseits aber Absicht ist, dem Anwender einen besseren Zusammenhang darzustellen und mehr Klarheit und Verständnis zu schaffen. wenn er die Normen anwendet. Scheinbar wird hier dieselbe Absicht verfolgt wie in diesem Buch.

Wieviel Erfolg hat diese Absicht? Es beginnt nicht besonders glücklich, wenn erklärt wird, daß die Ausführungen zur Q-Politik einfach, sachlich und direkt sein sollen, was eigentlich selbstverständlich ist. Aber es gibt an anderer Stelle hilfreiche Informationen. Zum Beispiel wird zum ersten Mal erklärt, daß das Q-Handbuch ein in sich abgeschlossenes, einzelnes Dokument sein kann, welches zwecks Detaillierung Querverweise auf verschiedene ausführlichere Dokumente - zum Beispiel Verfahrenshandbücher - beinhalten kann.

4.5 ISO 9004 Qualitätsmanagement und Elemente eines Qualitätssicherungssystems - Leitfaden

Diese Norm soll als nächste besprochen werden. Es ist notwendig, die ISO 9000 und die ISO 9004 zur Hand zu haben, wenn man versucht, die entsprechende 9001, 9002, 9003 oder die entsprechenden Teile der 9000 oder 9004 auszuwählen. Man sollte sich nicht durch all diese Zahlen verwirren lassen. Wenn einmal die entsprechende Norm 9001/9002/9003 gewählt ist, braucht man nur noch die 9000 und 9004 zum besseren Verständnis.

Die jüngste Version der ISO 9004 ist die ISO 9004 - Teil 1 in Form eines Komitee-Entwurfs.

Es wird zuerst der Anwendungsbereich der Norm beschrieben, der vom Marketing bis zur Auslieferung oder Montage reicht und die Stufen der Entwicklung und Fertigung umschließt. Weiterhin wird ein interessanter Punkt behandelt, nämlich Entsorgung oder Recycling zum Ende der Gebrauchsdauer, ein weiteres Element der Umweltnorm.

Der Leitfaden beinhaltet Q-Politik, organisatorische Verantwortlichkeit, Befugnisse, Mittel und Personal, Ablaufverfahren, und Dokumentation. Das Qualitätshandbuch wird als das typische Dokument benannt, das das QS-System darlegt. Der Hauptzweck eines QS-Handbuches besteht darin, eine angemessene Beschreibung des QS-Systems bereitzustellen und gleichzeitig als ständige Referenz für die Verwirklichung und Aufrechterhaltung dieses Systemes zu dienen. Weiterhin werden QS-Pläne, Audits und das Verfahren der Q-Verbesserung beschrieben.

Diese neueste Version der Norm enthält eine Menge Informationen über die Designphase und gibt hiermit Hilfestellung für die Unternehmen, die die ISO 9001 einführen wollen. Es werden auch weitere hilfreiche Informationen darüber zur Verfügung gestellt, was in Beschaffung, Produktion und Prüfung erwartet wird.

4.6 ISO 9001 Qualitätssicherungssysteme - Modell zur Darlegung der Qualitätssicherung in Design/Entwicklung, Produktion, Montage und Kundendienst

4.6.1 Allgemeines

Dies ist die 'Top'-Norm, obwohl vermutlich die ISO ein solches qualitatives Urteil nicht gerne hören wird. Sie ist für die Unternehmen anwendbar, die ihren Kunden die Übereinstimmung mit spezifizierten Anforderungen während aller Stufen (Design, Entwicklung, Produktion, Montage und Kundendienst) nachweisen wollen.

Der Absatz Definitionen enthält den interessanten Hinweis, daß die Norm unter dem Begriff Produkt auch Dienstleistung, Hardware, verfahrenstechnische Produkte, Software oder auch eine Kombination von diesen versteht. Die speziellen Normen wie die ISO 9000 - Teil3 für Software sind nichts anderes als aktuelle Anwendungen der ISO 9001.

4.6.2 ISO 9001

Nach dem üblichen Vorwort über Q-Politik, Verantwortlichkeiten und einigen allgemeinen Aussagen zum QS-System werden spezielle Elemente der ISO 9001 erläutert.

Eins dieser speziellen Elemente ist die Vertragsprüfung. Es wird beschrieben, daß die Vertragsforderungen dokumentiert sein müssen, die von der Ausschreibung abweichenden Forderungen geklärt sein sollen und der Lieferant die Fähigkeit zur Vertragserfüllung besitzen muß.

Ein weiteres Element ist die Designlenkung, was Planung, Zuordnung von Tätigkeiten, Organisation von Schnittstellen, Vorgaben und Ergebnis und Designverifizierung umfaßt. Dies deckt auch Designänderungen, Genehmigung und Herausgabe von Dokumenten und die Regelung von Dokumentänderungen und -modifikationen ab.

Der Rest ist Routine, einschließlich Einkauf, Produktbestimmung und -nachweis, Produktionsüberwachung, Inspektion und Versuche. Inspektion, Messung und Eichung der Versuchs- und Meßanordnung selbst sind eingeschlossen, wie die Überwachung nonkonformer Produkte. Handhabung, Lagerung, Verpackung und Auslieferung sind ebenso einbezogen, wie Qualitätsaufzeichnungen, Abnahme und Schulung.

4.7 ISO 9002 Qualitätssicherungssysteme - Modell zur Darlegung der Qualitätssicherung in Produktion und Montage

4.7.1 Allgemeines

Diese Norm ist im Vergleich zur 9001 allgemeiner gehalten und wendet sich an Hersteller, die Produkte mit einem bereits festgelegten Design oder festgelegten Spezifikationen herstellen. Man geht davon aus, daß der Zulieferer das Produkt kontinuierlich in Übereinstimmung mit den gestellten Anforderungen produzieren kann.

4.7.2 ISO 9002

Inhaltlich steht in der ISO 9002 ungefähr das gleiche wie in der ISO 9001, nur daß die Kapitel Design und Designlenkung sowie Kundendienst wegfallen. In der Einleitung wird herausgestellt, daß die Norm auf die Verhütung und Entdeckung von Fehlern während der Fertigung hinzielt.

Eine Anmerkung in der Norm besagt, daß sie auch auf Software, Dienstleistungen und verfahrenstechnische Produkte angewendet werden kann.

4.8 ISO 9003 Qualitätssicherungssysteme - Modell zur Darlegung der Qualitätssicherung bei der Endprüfung

Dieses Dokument bestand bei seiner Erstveröffentlichung lediglich aus zwei Seiten und ist nun im neuesten Komitee-Entwurf auf zwölf Seiten angewachsen.

Der folgende Absatz soll den Inhalt der ISO 9003 zusammenfassen:

ISO 9003 wird angewendet, wenn ein Vertrag zwischen zwei Partnern den Nachweis über die Fähigkeit des Zulieferes verlangt, durch eine Endprüfung Produktfehler sicher zu erkennen. Neben den üblichen Anforderungen an Q-Politik und Organisation verlangt diese Norm ein QS-System, welches Lenkung der Dokumente, Identifikation und Kennzeichnung der Produkte, Prüfung, Behandlung fehlerhafter Einheiten, Lagerung und Versand, Prüfmittelüberwachung, statistische Methoden und Schulung umfaßt.

5 Betroffene Betriebsabläufe

5.1 Allgemeines

Es soll hier von Anfang an betont werden: obwohl die Norm einige der folgenden Elemente nicht speziell fordert, kann ein Qualitätsmanagementsystem ohne diese Elemente einem Unternehmen mehr schaden als nutzen. Zum Beispiel kann die Art und Weise, wie auf Anfragen reagiert wird, einen kritischen Einfluß auf das Ansehen eines Unternehmens bei bekannten und auch potentiellen Kunden haben. Die aktuellen Forderungen der Normen für jedes der hier angesprochenen Betriebselemente werden in späteren Kapiteln detaillierter behandelt.

5.2 Anfragen und Aufträge

Ein stark vernachlässigter Bereich des Qualitätsmanagements sind Kundenanfragen. Wenn einem Unternehmen die folgenden Fragen gestellt werden, können die Antworten doch ziemlich enthüllend ausfallen:

- Wie viele Personen nehmen Anfragen entgegen und bearbeiten diese?
- Wie verhält sich die Telefonistin gegenüber Anfragen?
- Wie verhält sich das Empfangspersonal gegenüber Anfragen?
- Wie ist die Einstellung jedes Angestellten gegenüber Anfragen?

Die letzte Frage ist für Dienstleistungsunternehmen bedeutender als für Hersteller, obwohl es eigentlich keinen Grund gibt, die Normenserie nicht auf alle Bereiche und alle Mitarbeiter eines Unternehmens anzuwenden, denn es kann ein jeder mit einem Kunden in Berührung kommen. Das Verhalten einer Telefonistin und Empfangsdame kann sehr wichtig sein, da eine zu knappe und unfreundliche Antwort potentielle Geschäfte abwenden kann. Wenn ein Unternehmen an Kundenanfragen nicht sonderlich interessiert scheint, wird man auch annehmen können, daß der Kundendienst nicht der beste sein wird; eine Kette ohne Ende.

Das größte Problem bei den Kundenanfragen ist das Erstellen einer Regelung, wenn die Anfragen über verschiedenste Kanäle hereinkommen. Der Einmann-Unternehmer zeichnet im einfachsten Fall seine Anfragen überhaupt nicht auf und vergißt sie beständig. Er/sie muß überzeugt werden, daß die Anfragen in ein Tagebuch oder Auftragsbuch einzutragen sind, von wo aus sie dann in einen täglichen oder wöchentlichen Aktionsplan übertragen werden. Etwas schwieriger wird es schon, wenn Kundenanfragen einer Anzahl unterschiedlicher Personen zugehen, z.B. Vertriebsleuten, Telefonistinnen und Empfangspersonal. Eine Lösung kann in folgenden Schritten angegangen werden:

5.2.1 Entwurf eines einheitlichen Erfassungsformulars für Kundenanfragen;

5.2.2 tägliche oder wöchentliche Sammlung dieser Anfragen;

5.2.3 Festlegung eines Kontroll-Mechanismus

5.2.1 Erfassungsformular für Kundenanfragen

Auch wenn es selbstverständlich klingt: Name des anfragenden Kunden, Anfrage, Datum, Adresse, Telefon/Fax-Nummern, was ist zu tun. Die Formulare sollten numeriert sein, damit auch verlorengegangene Anfragen verbucht werden können - vernichtet, storniert o.ä.

5.2.2 Kundenanfragen zentral sammeln

Auf täglicher oder wöchentlicher Basis sollte ein Mitarbeiter verantwortlich alle Anfragen zentral sammeln. Die Hilfsmittel hierfür reichen von der einfachen Büroklammer bis zum Computer. Viele kleine Firmen benutzen Schreibtisch-Tagebücher und nennen diese Akte das "Rote Buch".

5.2.3 Kontroll-Mechanismus

Um sicherzustellen, daß alle Kundenanfragen bearbeitet worden sind, sollte ein Kontroll-Mechanismus installiert werden. Es bietet sich an, daß eine Person der Geschäftsführung wöchentlich die Eingänge und die Erledigung abzeichnet. Elemente dieses Mechanismus wären:

- Festlegung weiterer Aktivitäten
- Überwachung
- Terminierung der Bearbeitung

5.3 Lieferanten-Bewertung

Weitere wichtige Elemente eines QS-Systems sind die Überwachung der Zulieferer und die Vereinbarungen mit ihnen. Soweit es die Normenserie betrifft, werden zwei Dinge als wichtig erachtet: ein System, welches sicherstellt, daß die eingekauften Materialien den Spezifikationen entsprechen, und ein System zur Lieferantenbewertung.

Der Vorgang der Lieferantenbewertung zielt darauf, eine enge Kunden-Lieferantenbeziehung aufzubauen und den Lieferanten virtuell in das eigene QS-System miteinzubinden. Eine der Grundideen der ISO 9000 war die Vereinheitlichung der vielfältigen Kunden-Lieferantenbeziehungen. Infolgedessen löst die ISO 9000 diesen heutigen Druck auf die Zulieferer aus, sich zertifizieren zu lassen. Ein Zulieferer wird in der Regel zum ersten Mal mit diesem System konfrontiert, wenn sein Kunde eine Dokumentation seines Qualitätswesens bzw. seiner Q-Aktivitäten verlangt.

Die Ausführungen der Norm bzgl. Zukaufteilen sollen später eingehender betrachtet werden. Soviel vorweg: Wenn es Produktnormen für Zulieferteile gibt, werden diese im Rahmen der Anwendung der Norm herangezogen. Zum Beispiel bestehen für die zur Betonherstellung benötigten Stoffe wie Zement, Zuschlagstoffe und Kalk Produktnormen, die zu verwendende Menge Wasser ist ebenso festgelegt. Das meiste der ISO 9000er-Forderungen bzgl. zugekaufter Komponenten wird also durch deren Produktnormen abgedeckt. Sollten für ganz spezielle oder neuentwickelte Komponenten keine Produktnormen existieren, müssen zwischen Abnehmer und Zulieferer entsprechende Vereinbarungen getroffen werden.

5.4 Designlenkung und Designänderung

Dieses Element der 9000er-Normenreihe kommt nur dann zur Anwendung, wenn ein QS-System nach 9001, also das Modell zur Darlegung der QS in Design/-Entwicklung, Produktion, Montage und Kundendienst nachgewiesen werden soll.

Um die Wichtigkeit dieses Q-Elementes zu verdeutlichen, stelle man sich einmal die Auswirkungen vor, wenn eine Konstruktionsänderung zwar im Konstruktionsbüro richtig vorgenommen wurde, jedoch an die Fertigung und an den Kunden nicht vollständig weitergegeben wird.

Angenommen das Produkt ist ein Computer, dessen Herstellung durch detaillierte Fertigungsabläufe festgelegt und dessen Gebrauch in Benutzerhandbüchern beschrieben wird. Die Designabteilung führt eine Änderung ein und überträgt das neue Design mittels CAD (computer aided design) auf eine CNC (computer numerically controlled) Fertigungszelle. Diese stellt eine neue Variante des Computers her, der nun einen weiteren, zusätzlichen Port (Anschlußdose) für Peripheriegeräte besitzt. Mit dem neuen Port wird eine neue Numerierung für alle Ports eingeführt. Die Mitarbeiter, die die Verkabelung der Ports innerhalb des Computers vornehmen, werden zwar informiert, aber das Design läßt Verwechselungen zu. Es kommen also Geräte aus der Fertigung, deren Portbelegung unterschiedlich sein kann.

Der Kunde nun hat auf einmal Schwierigkeiten und wendet sich dem Handbuch zu. Aber zu der neuen Variante des Computers existiert nach wie vor das alte Handbuch! Die Hotlinie des Herstellers ist oft besetzt; wenn der Kunde durchkommt, ist zwar sein Problem bekannt und kann recht schnell gelöst werden, aber er erhält den freundlichen Hinweis, daß bei anscheinend richtiger Belegung der Ports immer noch nichts passieren kann, weil u.U. sein Gerät eine Verwechselung eingebaut hat. Welch glücklicher Kunde!

Es sollten also verstärkt fehlerabsichernde Maßnahmen für Designänderungen eingeführt werden; dies trifft vor allem die Branchen Luftfahrt, Software und Elektrotechnik. Selbst einfache elektrische Haushaltsgeräte können während ihrer Herstellung für das Montagepersonal zur Gefahrenquelle werden, wenn Designänderungen am Fließband unangemeldet auftauchen.

5.5 Fertigung

Die 9000er-Norm fordert, daß die Produktion überwacht wird, überläßt es aber weitgehend den Unternehmen selbst, wie die Abläufe und die Überwachung auszusehen haben. Die Norm verlangt, daß die Elemente der Fertigung und eventuell der Montage, welche direkt einen Einfluß auf Qualität haben, eindeutig benannt sind und überwacht werden. Es werden also festgeschriebene Abläufe und entsprechend gut ausgestattete Arbeitsplätze gefordert. Diese Sichtweise deckt so ziemlich alles einschließlich der Materialwirtschaft ab.

Die Norm verlangt also Methoden einer fertigungsbegleitenden Datenerfassung, die Festlegung von Zwischenprüfungen und festgelegte Bewertungskriterien für die Erfüllung der Forderungen.

5.6 Materialwirtschaft

Man kann zu der Annahme verleitet werden, daß die Kürze, in der die Norm den Abschnitt Fertigung behandelt, gleichzusetzen ist mit einer Einfachheit, in der das Kapitel abzuarbeiten ginge. Diese Illusion verschwindet spätestens dann, wenn die zertifizierenden Auditoren ankommen. Die 9000er-Norm erwartet eine gut organisierte Materialwirtschaft und deren Überwachung, ohne jedoch Hinweise zur Realisierung zu geben.

Die Läger z.B. sollen gesichert und der Zutritt nicht autorisierten Personen untersagt sein. Zwischengelagerte oder gesperrte Ware muß getrennt von geprüfter und freigegebener Ware stehen. Die Arbeits- und Lagerbereiche müssen sauber und aufgeräumt sein, es dürfen sich keine anderen Teile, die nicht unmittelbar mit der Produktion zu tun haben, in diesen Bereichen befinden. Wie später in den Kapiteln über Handhabung, Lagerung, Verpackung und Versand vorgestellt wird, ist eine saubere Materialwirtschaft eine starke Forderung der Norm. (d.Ü.: ein Auditor ist bei der Betriebsbegehung sehr interessiert daran, wilde Läger zu entdecken!)

5.7 Prüfungen

Prüfungen sind wichtigste Elemente sowohl eines Qualitätsmanagementsystems als auch der 9000er-Norm. Man unterscheidet:

- Wareneingangsprüfungen
- Zwischenprüfungen
- Endprüfungen
- Prüfaufzeichnungen
- Prüfmittelüberwachung
- Lenkung fehlerhafter Produkte
- Korrekturmaßnahmen

Alle dies Punkte werden in Kapitel 11 eingehender diskutiert.

5.8 Das QS-Handbuch

In der Norm stehen wenige Informationen zum QS-Handbuch. Dennoch ist die Erstellung eines solchen die meist verbreitetste Art, auf die Forderungen der Norm bzgl. Dokumentation und Nachweis eines Qualitätssicherungssystems zu reagieren. Das Handbuch ist in der Tat jener Teil eines unternehmensinternen Dokumentationssystems, welcher sich der Qualitätssicherung widmet. Es enthält im Überblick eine Beschreibung aller qualitätsrelevanten Vorgänge und eine Sammlung aller im Q-Bereich verwendeten Formulare. Zugegebenermaßen herrscht aber Unsicherheit über die Form eines QS-Handbuches. An dieser Stelle sollen einige klärende Worte fallen.

Die 9000er-Norm fordert Regelung von Q-Aktivitäten und deren Dokumentation. Die gängigste Umsetzung dieser Forderung ist das "QS-Handbuch". Das QS-Handbuch kann eine Untermenge eines PMS - Produktionsmanagementsystems sein. Es kann aber auch Teil eines übergreifenden Organisationshandbuches sein, denn ein gutes Organisationshandbuch kann den Bereich des QS-Handbuches ohne weiteres abdecken. Die 9000er-Norm enthält keine Einschränkung bzgl. der Dokumentation, wie der schriftliche Nachweis der Umsetzung erfolgt. Ein Vorteil des QS-Handbuches ist es jedoch, daß bestimmte Q-Überwachungstätigkeiten eindeutig dem Q-Personal zugewiesen werden.

5.9 Qualitäts-Audits

Die 9000er-Norm fordert interne Qualitäts-Audits. Diese müssen regelmäßig durchgeführt werden und eine Regelfunktion haben. Zur Auditierung gibt es eine weitere ISO-Norm - die ISO 10011. Mit ihr werden Informationen zur Verfügung gestellt, wie Audits durchzuführen sind. Interne Q-Audits erfordern entsprechend ausgebildetes Personal.

6 Die ersten Schritte

6.1 Aufbruch

Nachdem die Markt- und die Wettbewerbssituation sowie generelle Hintergründe der 9000er-Norm betrachtet wurden, weiterhin ein kurzer Überblick über das Normenwerk und die davon betroffenen Elemente eines Unternehmens gegeben wurde, sollte man nun in der Lage sein, die Umsetzung der 9000er-Norm ins Unternehmen anzugehen und eine mögliche Zertifizierung ins Auge zu fassen. Ein vernünftiger Anfang ist ein Voraudit des Bereichs Qualitätssicherung oder Fertigung. Die 9000er-Norm liefert ein ausgezeichnetes Gerüst und eine Anzahl von Handlungshinweisen, gegen die geprüft werden kann.

6.2 Einarbeitung

Ein Buch wie dieses mag für den Geschäftsführer oder den Qualitätssicherungs--Verantwortlichen, der das neue System einführen soll, hilfreich sein, aber es bedarf auch eines schnelleren und allgemeinverständlichen Weges, die gesamte Geschäftsführung und eventuell die gesamte Belegschaft zu informieren und miteinzubeziehen. Es gibt eine Reihe sehr guter Videos, erhältlich bei Verlegern wie der BBC oder nationalen Normbehörden (d.Ü.: in England ja, in Deutschland in dieser Form nicht bekannt, eine Marktlücke, die es zu füllen gilt). Diese stellen qualitätsrelevante Sachverhalte in einer spielerischen und hoch unterhaltsamen Weise dar und sprechen den Erfahrungsschatz der Zuschauer an. Es gibt z.B. ein Video von der kanadischen Normbehörde mit dem Titel "Qualität beginnt ganz oben". Es zeigt einen Chef, der seinen Qualitätsleiter darüber informiert, daß eine Lieferung abgelehnt und zurückgeschickt wurde. "Ich wußte, daß dies zurückkommen würde" ist die Antwort des Q-Leiters. Zuerst erscheint es erstaunlich, daß ein Q-Leiter die Rückweisung eines ausgelieferten Produktes voraussagen kann. Im weiteren Verlauf aber deckt das Video auf, daß das Unternehmen durch Produktions-Deadlines unter Zuzwang steht und nicht auf Qualität achtet, Sorgfalt außer acht läßt und die Übereinstimmung mit den Anforderungen des Kunden vernachlässigt.

6.3 Selbsteinschätzung

Einem kleinen Betrieb oder einem kleinen Hersteller mangelt es meist an einem formalisierten Überwachungssystem für Verwaltung und Fertigung. Wenn es um Minimalerfüllung geht, sollte mindestens das folgende vorhanden sein:

- ein System zur Erfassung von Kundenanfragen ;
- ein System zur Erstellung von Kostenvoranschlägen, insbesondere wenn ein Fertigungsauftrag betroffen ist;
- ein System zur Auftragsverfolgung von der Bestellung bis zur Auslieferung;
- Rechnungs- und Finanzwesen.

Selbst wenn alle vier Systeme gut funktionieren, sitzt der kleine Unternehmer/-Besitzer dann üblicherweise über verschiedenen Papierbergen, brütet und macht sich Gedanken über die ganzen Kalkulationen, Kostenvoranschläge, Zeitrahmen und Fertigungsverfolgung macht.

6.3.1 Kundenanfragen

Qualitätssicherung sollte hier beginnen und auch hier wieder aufhören. Wenn Kundenanfragen nicht gewissenhaft behandelt werden, kann man Qualitätssicherung und speziell die ISO 9000 vergessen. Kundenanfragen sind nicht nur einfach das Stück Papier, auf dem die Anfrage aufgenommen wurde: die Art, wie ein Telefonat beantwortet wird, wenn ein Kunde anruft; das Verhalten des Empfangs bei einem persönlichen Besuch; die Bereitwilligkeit eines Verkäufers hinter dem Ladentisch oder im Supermarkt; jede Interaktion mit Kunden kann auf die Qualität ausschlaggebenden Charakter haben.

6.3.2 Angebote

Angebot, Kalkulation und Zeitplanung sind gegenwärtig nicht in der 9000er-Norm enthalten. Wie ein Unternehmen dies durchführt, bleibt sein ureigenes Geschäft. Unnötig zu sagen, daß es schwierig sein wird, ein richtiges Qualitätssicherungssystem ins Leben zu rufen, wenn dieser Bereich vernachlässigt wird. Die ISO-Norm unterstreicht nur solche Schritte, die in der Wahrnehmung des Kunden kritisch sein können und wo die Erwartungen des Kunden nicht erfüllt sein könnten. Sie konzentriert sich also nur auf diese Schritte innerhalb eines Managementsystems.

Dies wirft hier zum ersten Mal einen interessanten Aspekt auf. Bestimmte grundlegende Funktionen eines Fertigungsüberwachungssystems werden nicht durch dieses Qualitätssicherungssystem abgedeckt. Ist es deshalb notwendig, zwei Systeme zu betreiben, eins für die Fertigung und eins für die Qualitätssicherung? Hier soll sich im weiteren nur auf die qualitätssichernden Belange konzentriert werden, wie sie bei der Zertifizierung betrachtet werden.

6.3.3 Von der Bestellung zur Auslieferung

Dies ist der zentrale Inhalt der Norm - die richtige Umsetzung von Kundenanfrage und Auftrag zum fertigen Produkt und alle damit verbundenen Prüfungen und überwachenden Verfahrensabläufe. In den folgenden Kapiteln wird sich mit diesen Schritten und Verfahren eindeutig auseinandergesetzt. Sollte kein Fertigungssteuerungs- oder QS-System vorhanden sein, so kann das folgende zumindest als eine Grundlage für ein einfaches formalisiertes System angesehen werden.

6.3.4 Rechnungs- und Finanzwesen

Rechnungswesen kann mit der Norm insoweit in Verbindung gebracht werden, als daß es Bestandteil des Dienstleistungsbereiches ist. Rechnungen, die ständig hinterfragt und geändert werden müssen, gehören wohl kaum in ein qualitätsorientiertes Unternehmen. Eine Rechnung sollte wie das fertige Produkt automatisch ohne Fehler geliefert werden.

Das Finanzwesen eines Unternehmens wird von der Norm nicht betroffen, und die Gestaltung bleibt dem Unternehmen selbst überlassen. (d.Ü.: dies soll nicht bedeuten, daß die Autoren der 9000er-Reihe das Thema Qualitätskosten vergessen haben. Zur zeit wird an einer ISO 10014 mit dem Titel "Wirtschaftliche Auswirkungen der Qualität" gearbeitet.)

6.4 Vor-Audit

Ein Vor-Audit kann selbst innerbetrieblich oder durch einen externen Berater durchgeführt werden. Zur Selbst-Auditierung muß jemand für ein oder zwei Wochen für diese Aufgabe freigestellt und von anderen Pflichten befreit werden. Er/Sie sollte als erstes die ISO 9000 Serie von einer nationalen Zertifikationsstelle oder dem Normungsinstitut erstehen (d.Ü.: in D können Normen nur beim DIN erstanden werden, die Kosten sind hoch, es ist preiswerter, das DIN-Taschenbuch 226 als gesammeltes Werk zu kaufen). Dieses Normenwerk ist das erste Dokument, welches im zukünftigen Archivierungssystem abgelegt werden sollte, und ist Ausgangsdokument für das QS-System.

Eine wichtige Aufgabe ist es, diese Unterlagen auf dem neuesten Stand zu halten. Viele Normungsinstitutionen bieten einen Aktualisierungsservice für eine annehmbare jährliche Gebühr (d.Ü.: DIN bietet Abonnement an). Diese gesammelten Unterlagen sind u.U. Ausgangspunkt für eine Revolution in Einstellung und Handlung im Unternehmens, von der Bestellung bis zum Versnd.

Ein guter Anfang für ein Vor-Audit ist die Frage, welche Spezifikationen denn eigentlich für zugelieferte Rohmaterialien und Halbzeuge im Rahmen der Beschaffung bestehen. Diese Fragestellung kann anhand der Hinweise aus Kapitel 8 aufgezogen werden. Im weiteren kann der Auditor einmal versuchen, das zu prüfende Unternehmen telefonisch zu erreichen oder die Zentrale anzurufen, um dort wie ein Kunde eine Anfrage abzusetzen. In diesem Fall kann es erforderlich sein, einen Außenstehenden einzuschalten: erstens kann der Auditor erkannt werden, was zu einem aufgesetzten, falschen Verhalten führen kann; zweitens könnte es Feindseligkeiten geben, wenn ein Mitarbeiter anscheinend einen anderen kontrolliert.

Der Auditor könnte auch das Verkaufspersonal beim Telefonverkauf beurteilen und Kunden interviewen, die Ware direkt geliefert bekommen haben oder über den Ladentisch gekauft haben. Er sollte sich auch kundig machen, wie Kundenanfragen aufgezeichnet werden. Sind es verschiedene Leute, die Anfragen annehmen? Werden diese zentral gesammelt? Welche Handlungsanweisungen bestehen für die Bearbeitung?

Ein richtig durchgeführtes Audit sollte genau an dieser Stelle beginnen, denn ein Auditor folgt am einfachsten der Auftragsabwicklung von der Auftragsannahme über Material- und Arbeitsscheine bis an die Maschine. Die Normen sollten unter dem Gesichtspunkt zu Rate gezogen werden, was hinsichtlich eines Fehlererfassungssystems und hinsichtlich Rückverfolgbarkeit verlangt wird. Das Vor-Audit endet bei der Endprüfung.

6.5 Ergebnisse des Vor-Audits

Das Vor-Audit sollte aufzeigen, in welchem Umfang ein Qualitätsmanagementsystem zu installieren ist, wieviel Zeit benötigt wird und welche Ressourcen für diese Aufgabe bereitgestellt werden müssen. Das Vor-Audit kann weiterhin aufdecken, welche Kosten durch Ausschuß, Schrott, Nacharbeit, verlorene Geschäfte und damit verbundener Verwaltungsaufwand entstehen.

Wenn die Ergebnisse das Management an Nervpunkten berührt, denen es sich bereits bewußt war, wo aber noch nicht gehandelt wurde, könnte es die Notwendigkeit der ISO 9000 mit beträchtlichem Enthusiasmus akzeptieren.

Einige dieser Ergebnisse könnten sein:

* verlorene Aufträge durch verlorene oder verzögerte Kundenanfragen;
* Vertriebsleute, die verkaufen sollten, legen Spezifizikationen fest;
* schlechte Weitergabe der Spezifikationen vom Vertrieb zur Fertigung;
* Ausschuß gerät ins Auslieferungslager;
* fehlende Komponenten bei ausgelieferten Produkten;
* hohe Verschwendung im Betrieb;
* der Stab macht andere oder sich gegenseitig verantwortlich;
* eine Auslieferung-um-jeden-Preis Mentalität.

6.6 Die Verpflichtung

Das wichtigste Ergebnis des Vor-Audits sollte die Verpflichtung der Unternehmensleitung sein, ISO 9000 zu implementieren. Dies ist gleichzeitig eine der ersten Forderungen der 9000er-Norm, welche im folgenden Kapitel besprochen wird. Einhergehend mit dieser Entscheidung wird eine Arbeitsgruppe ins Leben gerufen und deren Mitglieder benannt, die ein QS-System in Anlehnung an die 9000er-Norm einführen und die Zertifizierung herbeiführen sollen. Die erforderlichen Schritte werden in Abbildung 6.1 graphisch dargestellt.

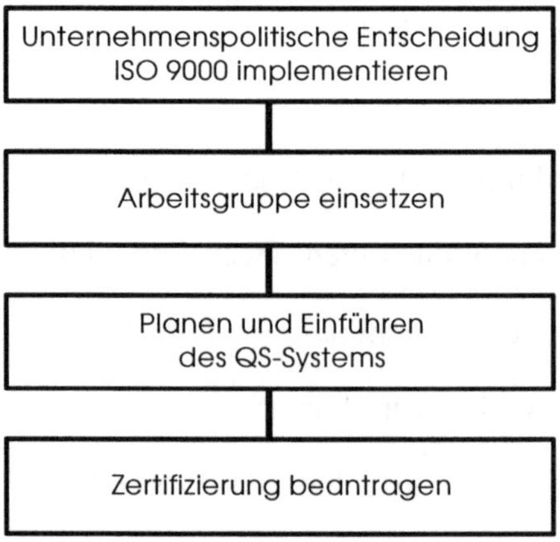

Abbildung 6.1: Vorgehensschritte

6.7 Die Willenserklärung

Qualitätspolitische Erklärungen für sich alleine sind nicht genug. Der Willen zur Durchführung muß vorhanden sein. Dieser Willen muß politische 'territoriale Schutztaktiken' einzelner Manager als auch den Widerstand an der Spitze überwinden können. Beginnend mit letzterem, könnte das Topmanagement in einigen Unternehmen sagen, was für Massenproduktion geeignet ist, ist noch lange nicht für unsere spezialisierte Standard- oder Einzelfertigung geeignet.

Es können auch Konflikte zwischen den Abteilungen auftreten. Die Konstruktion mag behaupten, daß die Fertigung ihren Spezifikationen nicht präzise folgt. Die Produktion mag reklamieren, daß der Vertrieb unrealistische Versprechungen über Liefertermine macht. Eine nähere Untersuchung dieser Probleme könnte unpräzise Spezifikationen und undokumentierte Abläufe aufdecken. Viel schlimmer, wenn sich herausstellt, daß die Fabrik nur noch mit Terminen und Lieferengpässen hantiert und Qualitätsmanagement vergißt. Die Fertigung gibt über die Köpfe des Prüfpersonals hinweg Teile frei, die Geschäftsführung unterliegt einem äußeren Druck und unterstützt solche Praktiken.

Die Verfahrensabläufe selbst sind verwirrend, Teile und Rohmaterialien sind nicht richtig spezifiziert, Lager können von allen benutzt werden, gesperrte Teile verschwinden in der Fertigung, Geld wird verloren, vor der Verantwortung wird sich gedrückt.

Am Ende eines solchen Tages sollten zwei durchgreifende Entscheidungen der Geschäftsführung stehen:

- Verfahrensabläufe und Verantwortlichkeiten festlegen
- dem Leiter des Q-Wesens volle Rückendeckung geben, damit seine Entscheidungen nicht überstimmt werden können.

7

Q-Politik und deren Verpflichtung

7.1 Definition

Die ISO 9000 definiert Qualitätspolitik als "die umfassenden Absichten und Zielsetzungen einer Organisation betreffend Qualität, wie sie durch die oberste Leitung formell ausgedrückt werden". Die ISO 9004 geht einen Schritt weiter und sagt, daß das Management die Qualitätspolitik seines Unternehmens "entwickeln" und "festschreiben" sollte. Diese Politik sollte mit anderen Grundsätzen des Unternehmens vereinbar sein, wird weiter erläutert. Eigentlich könnte es auch heißen, Qualitätspolitik sollte zum zentralen Punkt der Unternehmenspolitik gemacht und der Geschäftsleitung direkt zugeordnet werden. Es wird weiter ausgedrückt, daß Maßnahmen ergriffen werden müssen um sicherzustellen, daß die Qualitätspolitik verstanden, verwirklicht und aufrecht erhalten wird.

7.2 Ziele

Qualitätspolitische Erklärungen für sich alleine sind nicht ausreichend, es müssen erreichbare und meßbare Ziele gesetzt werden. Diese können sein: Übereinstimmung mit festgelegten Spezifikationen, Gebrauchseignung, Sicherheit, Zuverlässigkeit usw.

7.3 Organisation

Die ISO 9000 beschreibt das Qualitätsmanagement als 'denjenigen Aspekt der Gesamtführungsaufgabe, welcher die Qualitätspolitik festlegt und verwirklicht.

ISO 9004 geht weiter und verlangt, daß die Verantwortlichkeiten eindeutig vergeben und daß Verantwortung und Befugnis für jede qualitätsrelevante Tätigkeit festgelegt ist. Sie fordert auch die Identifikation von Q-Problemen und das Einleiten von vorbeugenden und abstellenden Maßnahmen. Die 9004er-Norm beantwortet auch eine Frage, die häufig von Neulingen gestellt wird: die Verantwortung für QS sollte einem unabhängigen Mitarbeiter übertragen werden, der direkt der Geschäftsleitung angehört/unterstellt ist und dieser direkt berichtet. Dies führt meist zur Einrichtung des Postens eines Qualitätsbeauftragten.

Weiterhin fordert die 9004 ein Organigram des Unternehmens, mit dem Befugnisse und Verantwortlichkeiten dargestellt werden. Es wird erwartet, daß Personalkapazität und Fachwissen sowie eine angemessene Ausstattung für Fertigung und Prüfung zur Verfügung steht.

Man sollte an dieser Stelle erkennen, daß es sich hier nicht mehr um einen verschwommenen und vagen Ansatz in Richtung Qualität handelt, sondern handfeste Vorstellungen mit der Norm verbunden sind. In der Praxis sollte jeder, dessen Tätigkeit die Qualität beeinflußt, auch hierfür verantwortlich sein. Verantwortung kann nicht mehr weiterdelegiert werden, Problemen kann nicht mehr ausgewichen werden. ISO 9001/9002 führt noch weiter aus, nämlich daß das Personal den Freiraum haben soll, Verhütungsmaßnahmen gegen mögliche Produktfehler zu veranlassen, Problemlösungen zu identifizieren, durchzuführen und zu dokumentieren, und fehlerhafte Produkt für die Weiterverarbeitung zu sperren.

Dies ohne ein QS-System, welches den Fertigungsablauf Schritt für Schritt dokumentiert, in die Tat umzusetzen, ist nahezu unmöglich. Die Normen fordern wiederholt, daß diese Tätigkeiten von Mitarbeitern durchgeführt werden müssen, welche nicht der Weisungsbefugnis der Fertigung unterstellt sind.

7.4 Qualitätspolitik - Beispiele

Es sollen hier zwei Beispiel von Erklärungen zur Q-Politik aus dem QS-Handbuch zweier unterschiedlicher Unternehmen wiedergegeben werden:

- eines typischen Herstellers
- eines Labors.

(d.Ü.: im Anhang befinden sich zwei weitere Beispiele aus der deutschen Industrie, die für den deutschen Sprachraum treffender sind)

7.4.1 Beispiel einer qualitätspolitischen Erklärung eines Herstellers

Es ist die Politik von XX Electronics, nur solche Produkte herzustellen und an Kunden auszuliefern, die mit den Spezifikationen übereinstimmen, die in diesem Handbuch festgelegt sind. Dies schließt nicht nur die Fertigung nach Spezifikationen ein, sondern auch Preis, Lieferung, Zuverlässigkeit und alle Schnittstellen zwischen uns und unseren Kunden von der Anfrage bis zur Auslieferung.

Um diese Politik umzusetzen, wurde ein Qualitätssicherungssystem entwickelt und eingerichtet, wie es in diesem Handbuch beschrieben wird und dem das Management volle Unterstützung gibt.

Gezeichnet: Direktor R. Landsfel Datum: 4.5.93

7.4.2 Beispiel einer qualitätspolitischen Erklärung eines Labors

Es ist die Politik vom (National Metro Laboratory), die Geschäftsbeziehungen nach dem höchsten internationalen Standard abzuwickeln. Der Direktor hat die Gesamtverantwortung für die Einrichtung und Überwachung des Systems, welches diese Politik umsetzt. Alle Mitarbeiter sind vom Inhalt dieses Handbuchs unterrichtet, welches das gesamte System der Qualitätssicherung vollständig beschreibt und die Verwirklichung dieser Qualitätspolitik ermöglicht.

Gezeichnet: John Scholar, Direktor Datum: 4.5.93

7.5 Der Qualitätsbeauftragte

Was ist ein Qualitätsbeauftragter und wer ist es? Die Antwort: die Person, die nach Meinung der Geschäftsführung am besten für die Aufgabe geeignet ist. Folgende Erfahrung und Kenntnisse sollten vorhanden sein:

* Kenntnis des gesamten Produktionsablaufs vom Wareneingang bis zum Versand
* Fähigkeit, Systeme zu begreifen und zu verstehen
* eine Ausbildung zum Ingenieur oder in Betriebswirtschaft
* Weiterbildung in EDV und/oder Systemanalyse

Es sollten nicht zu viele mystische Vorstellungen mit dieser Stellenbesetzung verbunden werden, Mitgliedschaft in einer Qualitätsvereinigung oder Diplome in Qualitätsmanagement sind nicht erforderlich. Ein jeder, der bis hierhin gelesen hat, wird einsehen, daß die ISO 9000er-Normen im Moment der Umsetzung einen selbsterklärenden Charakter erhalten. Der Zeitpunkt der Antragstellung zur Zertifizierung sollte terminlich festgelegt werden, bevor alle notwendigen Aufgaben zur Umsetzung der Normen begonnen werden. Dies führt dazu, daß alle Beteiligten von Beginn an auf diesen Termin zuarbeiten können.

Ein guter Qualitätsbeauftragter sollte Kontakt zu anderen Qualitätsbeauftragten suchen, wobei der Beitritt zu einem Verband hilfreich sein kann (d.Ü.: z.B. Regionalkreise der DGQ, Arbeitskreise der Kammern). Aber auch auf Workshops, Seminaren und Tagungen sollte der Kontakt zu benachbarten Unternehmen gesucht werden.

7.6 Mitarbeiter-Schulung

Die Einführung eines Qualitätsmanagementsystems, welches den Anforderungen der ISO 9000 genügen soll, kann fast wie eine Revolution innerhalb eines Unternehmens betrachtet werden. Ziel ist es, daß alle Mitarbeiter stolz auf ihre Arbeit und ihr Unternehmen sind und daß die Motivation steigt. Ein Unternehmen nach ISO-Vorstellung hat eine gepflegte Gartenanlage, saubere Ausstattung, einen lächelnden Empfang usw. Das äußere Erscheinungsbild soll die innere Motivation ausdrücken.

Die Einbeziehung aller Mitarbeiter wird durch Schulung erreicht. Jedem Mitarbeiter wird seine Rolle im QS-System erklärt, ständiger Dialog, Berichte und Rückkopplungen sind wichtig. Über allem steht die persönliche Verantwortung der Mitarbeiter für ihre Arbeit. Der Qualitätsbeauftragte sollte keine Möglichkeiten zur individuellen Schulung der Mitarbeiter versäumen. Ein Vorschlag für diese Schulungen findet sich im nächsten Abschnitt.

7.6.1 Entwurf eines Schulungsplans

- Geschichte und Hintergrund von Normen

- Was bedeutet Qualitätsmanagement?

- Was sagt die ISO 9000er-Serie aus?

- Erläuterung zu den funktionalen Elementen eines Unternehmens

- Schlüsselfunktion der Qualitätssicherung

- Qualitätssicherungs-Handbuch

- Erläuterung zu den neu eingeführten Verfahrensabläufen

Es können bei diesen Schulungen, wenn verfügbar, Videos eingesetzt werden. Auch Gastredner aus anderen Unternehmen, von beratenden Ingenieurbüros oder von Verbänden sollten eingesetzt werden, denn die Präsentation eines neutralen Externen wirkt manchmal durchschlagender.

7.7 Verpflichtung zur Qualität

Möglicherweise muß der Qualitätsbeauftragte die Geschäftsführung daran erinnern, daß die Verpflichtung zu Qualität bei ihr beginnt, und daß das Management im Falle von Unstimmigkeiten zwischen Qualitätswesen und Fertigung ersteres unterstützen muß. Andernfalls werden wieder zwingende Termine das System steuern und nicht die Ausrichtung auf Qualität, und das Qualitätsmanagementsystem wird zu einer Farce.

8 Beschaffung

8.1 Allgemeines

Beschaffung von Rohmaterial/Halbzeugen oder auch vormontierten Komponenten ist ein bedeutender Teil des QS-Systems eines Unternehmens. Der Begriff Beschaffung wird hier im weitesten Sinne verwendet und schließt auch alle Dienstleistungen ein, die Einfluß auf die Qualität des Produktes und des Herstellprozesses haben. Darunter fallen auch Hardware und Software sowie extern vergebene Wartung, Eichung und Instandhaltung der Betriebsausrüstung. Das Beschaffungswesen muß, dem 9000er-Prinzip folgend, den Zulieferer in das Qualitätsgeschehen miteinbinden. Dies erfordert ein enge Zusammenarbeit untereinander und ein gut funktionierendes Rückmelde-System. Wie bereits erwähnt, ist diese sich ändernde Beziehung zwischen Zulieferer und Abnehmer ein Phänomen des sich wandelnden industriellen Umfeldes.

8.2 Das Beschaffungssystem

Das Beschaffungssystem sollte folgende Bedingungen erfüllen:

- vollständige Spezifikation für jedes Material oder Zukauf-Produkt - festgelegt entweder durch Bezug auf Normen oder durch vertragliche Vereinbarungen zwischen den Partnern

- eine Liste von zugelassenen Lieferanten

- Vereinbarungen über die Verifizierung der Qualität von Zulieferungen (einschl. Beschreibung der Prüfmethoden und der Abwicklung von Streitigkeiten)

- untereinander abgestimmte Arbeits- und Prüfanweisungen

8.2.1 Spezifikationen

Für Spezifikatioen können Normen, Richtlinien, Zeichnungen, Verträge oder auch Bestellunterlagen herangezogen werden.

8.2.2 Zugelassene Lieferanten

Das Thema Lieferantenbewertung war einer der Hauptgründe für das Enstehen der Norm. Im einfachsten Fall liefert der Zulieferer nach einer nationalen oder internationalen Produkt-Norm, die ein Validierungsverfahren einschließt. Weitere Methoden können Produkt-Prüfungen vor Ort beim Hersteller oder die Wareneingangsprüfungen beim Abnehmer sein. Ziel der gegenseitigen Anerkennung ist es, daß beide Partner ein QS-System nach ISO 9000 installiert haben, dieses zertifiziert ist und gepflegt wird.

8.2.3 Qualitätssicherungs-Vereinbarungen

Qualitätssicherungs-Vereinbarungen befassen sich sehr ausführlich mit den durchzuführenden Produkt-Prüfungen, die entweder beim Lieferanten oder beim Abnehmer durchzuführen sind.

Die 9000er-Norm bietet eine Anzahl von Möglichkeiten:

- der Kunde verläßt sich auf das Qualitätssicherungssystem des Zulieferers
- jede eingehende Lieferung ist mit Prüfdaten zu versehen
- Los- oder Stichprobenprüfungen werden von beiden Partnern durchgeführt
- es existiert ein dokumentiertes System nach 9000er-Norm

8.2.4 Streitigkeiten

Die 9000er-Norm fordert ein System zur Behandlung von Fehlern und Klärung von Streitigkeiten. Es müssen insbesondere die Informationswege zwischen Kunde und Lieferant festgelegt sein.

8.2.5 Materialwirtschaft

Erste Hinweise auf den Bereich Materialwirtschaft tauchen in den Beschaffungsanforderungen der Norm auf. Zusätzlich zu den Forderungen über Prüfverfahren und Freigabe von Lieferungen wird auch das Thema Sperren von Lieferung bei Auftreten von Fehlern behandelt. Dies hat auch Auswirkungen auf Just-in-time-Lieferverfahren oder die ship-to-stock Technik (d.Ü.: direkt ins Lager ohne Wareneingangspüfung, lediglich Identprüfung sollte vorgesehen sein)

8.2.6 Vereinbarung über Verifizierung

Dies bleibt weitgehend den beiden betroffenen Parteien überlassen, zumal es breit streut, wie und wo Prüfungen durchgeführt werden und welche Systematik verwendet werden kann.

(d.Ü.: mit Verifizieren ist gemeint, wie belegt wird, daß die Kundenforderungen erfüllt sind, z.B. Austausch von Prüfprotokollen)

8.2.7 Vereinbarungen über Arbeits- und Prüfanweisungen

Gegenseitige Vereinbarungen dieser Art bringen die bisher traditionell getrennten Prüfsysteme zweier Partner zusammen. Auswirkungen auf die Just-in-time und ship-to-stock-Verfahren sind zu erwarten.

8.3 Auswirkungen auf just-in-time oder ship-to-stock

Der größte Effekt auf just-in-time oder ship-to-stock wird die Einbindung des Lieferanten in das QS-System des Abnehmers sein; er wird gleichsam als eine weitere, neue Abteilung miteingebunden. Eine weitere Veränderung wird dadurch ausgelöst, daß der Abnehmer von seinem Lieferanten erwartet, sich an das EDV-System seines Kunden mittels EDI (Electronic Data Interchange) anzuschließen. Schlußendlich muß der Zulieferer damit rechnen, daß von ihm ein Nachweis über die Zertifizierung nach ISO 9000 erwartet wird.

8.4 Beispiel einer Schnittstelle Kunde - Lieferant

Ein kleiner Hersteller von Betonteilen stellt vorgefertigte Bauelemente her und exportiert diese. Er gerät in ernsthafte Probleme mit seinen EG-Kunden. Es treten Fehler auf, Verschmutzungen und Bruchschäden. Die Fertigung hat große Qualitätsprobleme. Die Kunden fordern sowohl verbesserte Qualität als auch Zertifizierung nach ISO 9000.

Im Rahmen der Beschaffung kauft der Hersteller Zement, Kalk, Sand, Wasser und Zuschlagstoffe, um sie zu mischen und in Formen abzugießen. Bei einer Überprüfung findet ein Berater, daß der Zement zwar korrekt der Norm entspricht, der Sand aber nicht der richtige Sand ist, die Zuschlagstoffe nicht die richtige Größe haben, die Größe der Körnung ist für das Produkt ungeeignet, der Typ der verwendeten Mischmaschine noch die Mischungsverhältnisse sind richtig.

Die Nachfrage bei der nationalen Normungsinstitutiton ergibt, daß für alle verwendeten Komponenten außer für das Wasser, selbst für den Prozeß, Normen niedergelegt sind.

Zum Beispiel behandelt die irische Norm IS 1 Zement. Diese Norm legt die Zusammensetzung und Herstellung von Zement fest, die Abbindezeit, Stabilität, Spannungsfestigkeit, Druckfestigkeit, Verpackung, Bezeichnung, Beurteilung von Proben und Prüfmethoden. Die Zuschlagstoffe werden in der IS 5 behandelt. Diese Norm deckt Sand, Kies und Steine über eine Bandbreite von feinem Sand bis zur spezifizierten Größe der Kiesel in Millimetern ab. Sie legt Grenzwerte, Qualitätsprüfungen, Größenklassen, Stichproben und weitere Prüfungen fest. Kalk wird in IS 8 behandelt. Diese Norm gibt Grenzwerte für gelöschten Kalk, Magnesiumoxyd und Kohlenstoff an. Es gibt zwar keine Norm fürs Wasser, aber die IS 20 spezifiziert die Menge von Wasser und den Feuchteanteil zur Herstellung von Beton.

Zudem sind die Lieferanten mehr als zufrieden, daß sie alle Komponenten der Norm entsprechend liefern - sie tun dies bereits für zahlreiche andere Kunden. Worüber sie nicht informiert waren, ist, was der Kunde mit diesem Material vorhatte. Also hatten sie einfach solche Sorten geliefert, aus denen Fundamentplatten gefertigt werden. Der hier angeführte Hersteller hatte niemals um Rat für sein Produkt gefragt, er hatte weder Einkaufsspezifikationen geliefert noch irgendeine Art von Lieferantenbewertung durchgeführt.

In diesem Einzelfall hier gab es Prüfmöglichkeiten in einem nahegelegenen Labor, sodaß die zugekauften Materialien auf Konformität geprüft werden konnnten. Jedoch war die Überraschung für den Hersteller groß, als ein Zulieferer sich anbot, entsprechend festgelegter Spezifikationen zu liefern, auf seinem eigenen Gelände zu prüfen und darüber ein Prüfzeugnis auszustellen. Der erste Schritt in Richtung ISO 9000 war getan. Heute werden sowohl die Normen für die zugelieferten Materialien angewendet als auch eine Lieferantenbewertung durchgeführt.

9 Design-Lenkung

9.1 Allgemeines

(Der Übersetzer weicht in diesem Kapitel von der Vorlage ab, da er der Meinung ist, daß an dieser Stelle die Forderungen der Norm erklärt werden sollten. Rothery bringt in diesem Kapitel einen Systemanbieter aus der EDV-Branche als Beispiel; dieses würde besser in ein Buch über ISO 9000 Teil 3-Software-Leitfaden passen.)

Der Begriff "Design" meint umgangssprachlich meist die äußere Gestaltung eines Produktes hinsichtlich ästhetischer Gesichtspunkte. Hier jedoch sind Tätigkeiten im Rahmen der Entwicklung und/oder Konstruktion gemeint. Der Begriff "Design" - wird im folgenden — soweit nicht näher präzisiert — als Oberbegriff für beide Funktionen benutzt.

Die Entwicklung soll hier als die erste Stufe des Designs gesehen werden. Die Entwicklung beginnt mit einer Idee und mündet z.B. in eine Prinzipskizze. Dies wird dann durch die Anfertigung mehrerer Entwürfe schrittweise zu einer technisch machbaren Lösung weiterentwickelt. In die Entwicklung eingeschlossen sind: Erstellung von Pflichtenheften, Bau und Erprobung von Mustern und Prototypen zum Funktionsnachweis, Kostenabschätzungen und Vorüberlegungen zur Werkstoffauswahl. Die Entwicklung endet mit der Feststellung der wirtschaftlichen Machbarkeit und der Entscheidung über Zukauf oder Eigenfertigung.

Die Konstruktion befaßt sich mit der Ausarbeitung des Entwurfs zu einer Spezifikation, z.B. in Form von Konstruktionszeichnungen und Stücklisten. Die Konstruktion beinhaltet: Normprüfung, technische Abstimmung mit Zulieferanten und Produktionsplanung. Die Konstruktion schließt ab mit der innerbetrieblichen und der kundenseitigen Designfreigabe.

9.2 Designplanung

Designvorhaben müssen, basierend auf einem grundsätzlichen Designablauf, geplant werden. In entsprechenden Plänen müssen Zuständigkeiten für das gesamte Designvorhaben und die darin eingeschlossenen Einzeltätigkeiten wie z.B. Überprüfungen projekt- oder auftragsspezifisch geregelt werden. Diese Planung muß periodisch aktualisert werden. Im Sinne eines Führungsinstrumentes ist eine aktuelle Übersicht über alle laufenden Designvorhaben zu führen.

Festgelegte Einzeltätigkeiten müssen klar und umfassend umschrieben sein. Dazu gehört auch die Nennung von Zuständigkeiten und Verantwortlichkeiten.

In Designplänen sind die Schnittstellen organisatorischer und technischer Art zu definieren. Im grundsätzlichen Designablauf oder in den Designplänen ist die Art und Weise des regelmäßigen Informationsaustausches und dessen Dokumentation und Überwachung zu regeln.

9.3 Designvorgaben (Entwicklungsziele)

Die Designvorgaben sind grundsätzlich immer in Pflichtenheften und ggf. zusätzlichen Dokumenten festzulegen. Im Pflichtenheft werden die für beide Parteien (Auftraggeber und Auftragnehmer) verbindlichen Leistungen festgeschrieben.

Das Pflichtenheft muß freigegeben werden. Die Freigabe ist zweckmäßigerweise durch die dafür zuständigen Stellen und Funktionen direkt auf dem Deckblatt des Pflichtenheftes zu dokumentieren.

Anhand der Vorgaben des Pflichtenheftes wird die Konstruktion durchgeführt. Es sollte ein Projektverantwortlicher benannt werden, der die Einhaltung aller im Pflichtenheft festgelegten Vorgaben überwacht sowie den Projektfortschritt in geeigneter Weise dokumentiert.

9.4 Designergebnis

Designergebnisse fallen abhängig von der Phase des Designprozesses an:

(1) Entwurf *(Entwicklung)*

(2) Muster, Prototypen *(Entwicklung)*

(3) Nullserien, Pilotserien *(Konstruktion, Produktionsplanung)*

(4) Serienerstmuster *(Konstruktion, Produktionsplanung)*

Diese Liste zeigt im Groben die chronologische Reihenfolge, in der diese Designergebnisse erarbeitet werden. Tatsächlich lassen sich die einzelnen Tätigkeiten und deren Ergebnisse nicht in einer zeitlich streng sequentiellen Folge gegeneinander abgrenzen — so sind beispielsweise Muster erst auf Basis eines Entwurfs möglich, die Erprobung von Mustern dient jedoch auch der Verbesserung sowie auch der Bestätigung und Freigabe des Entwurfs.

Für die Erstellung und Prüfung notwendiger Berechnungen und Zeichnungen können sowohl moderne Verfahren und Mittel wie z.B. Computer Aided Design (CAD) als auch Versuchsergebnisse, bestehende Normen und Standardlösungen herangezogen werden. Hierzu zählen auch Toleranzrechnungen sowie Analysen aus der Bewährung, d.h. der Produktnutzung vorhergehender Produkttypen.

Ergebnisse einer Designphase werden in einem auftragsabhängigen Sammeldokument, z.B. bestehend aus CAD-Zeichnung, Stücklisten oder anderen technischen Dokumenten, zusammengefaßt.

Die Freigabe von Designergebnissen erfolgt nach einer bestandenen Verifizierung.

9.5 Designverifizierung

Designergebnisse bzw. die in Sammeldokumenten zusammengefaßte technische Dokumentation werden anhand der Designvorgaben auf völlige Übereinstimmung mit den Ausgangsforderungen geprüft. Bestandene Verifizierungen werden formell mit einer Freigabe abgeschlossen.

Um die Erreichung des Entwicklungsziels sicherzustellen bzw. zu überprüfen, wird die Entwicklung i.d.R. von Prüfungen, Tests und Versuchen begleitet.

Die technische Dokumentation wird von der Entwicklung auf Konformität mit einschlägigen Normen, Richtlinien, Regelwerken und Vorschriften geprüft (Normprüfung). Eine diesbezügliche Konformität ist Voraussetzung für die Freigabe des Designergebnisses.

Dokumente mit falschen oder fehlenden Angaben werden korrigiert. Ein vollständiges Verzeichnis aller gültigen bzw. zur Anwendung kommenden Richtlinien und Normen sollte zentral verwaltet werden.

9.6 Designänderungen

Das Vorgehen beim Ändern von Designvorgaben und -ergebnissen ist im Qualitätssicherungs-Handbuch oder in den mitgeltenden Unterlagen klar und eindeutig festzulegen. Bei jeder Änderung ist mindestens eine Klärung der Machbarkeit durchzuführen.

In Abhängigkeit von der Art der Änderung ist ggf. der Kreis zur Vertragsüberprüfung zu schließen, d.h. die Vertragsüberprüfung ist erneut durchzuführen und zu dokumentieren.

Änderungen nach der Designfreigabe sind gemäß dem Dokumenten-Änderungswesen (Lenkung der Dokumente) zu behandeln.

10 Produktion / Fertigung

10.1 Die Forderungen der Norm

ISO 9004 spricht von Herstellverfahren, die unter beherrschten Bedingungen ablaufen sollen und meint damit Material, Ausstattung/Ausrüstung, Prozesse, Verfahrensabläufe, Personal usw. Es wird z.B. gefordert, daß Arbeitsanweisungen in der Fertigung vorhanden sein sollen - sei es in Form von Handbüchern oder auch als Computer-Ausdruck. Diese Arbeitsanweisungen sollen auch Kriterien zur Bewertung der Arbeitsergebnisse beinhalten, und sie sollen ergänzt werden durch Werksnormen. Wichtige Prüfpunkte oder Prüfschritte müssen benannt werden, und die Prüfmethoden müssen an diesen Stellen beschrieben sein. Weiterhin sollen auch Hilfsstoffe wie Wasser, Druckluft, Elektrizität oder Chemikalien ständig überwacht und verifiziert werden. Ebenso müssen Umgebungsbedingungen wie Temperatur, Feuchte oder Sauberkeit, sofern sie auf das Q-Ergebnis Einfluß haben, überwacht und aufgezeichnet werden.

Materialwirtschaft wird wiederholt von der Norm angesprochen, denn während der Produktion sollen die Materialien richtig gelagert, voneinander getrennt und ordentlich gehandhabt werden. Dies bedeutet vor allem, daß eine eindeutige Trennung und Kennzeichnung von gesperrtem, freigegebenem und noch zu prüfendem Material erfolgen muß.

Viele Unternehmen benutzen das Kennzeichnungsverfahren mit farbigen Karten grün, gelb, rot mit den Bedeutungen freigegeben, zu prüfen, gesperrt. Wo sogar noch eine Rückverfolgbarkeit des Materials nachzuweisen ist, muß ein Identifizierungs-System dies vom Wareneingang bis zum Versand gewährleisten.

Alle Produktionseinrichtungen müssen Gegenstand von Prüfungen sein, um die Richtigkeit ihrer Funktion sicherzustellen. Dies schließt den Maschinenpark, die Werkzeuge, Vorrichtungen, Spannmittel, Schablonen und Lehren ein. Auch soll den benutzten Computern und der dort eingesetzten Software diesselbe Aufmerksamkeit geschenkt werden, wenn diese zur Prozeßlenkung eingesetzt werden. Vorbeugende Wartung der Ausrüstung und auch deren zweckmäßige Lagerung werden angesprochen. Geräte müssen nach einem vorgebenen Plan kalibriert werden.

10.2 Fehler

Wenn das QS-System Produkte oder Bauteile auffindet, die eine Abweichung von den festgelegten Forderungen aufweisen, muß folgender Ablauf sichergestellt sein:

- Identifikation
- Aussonderung
- Überprüfung
- Behandlung

- Dokumentation

- Verhütung des Wiederauftretens

- Korrekturmaßnahmen

Wie vorher erwähnt, benutzten viele Unternehmen die Kennzeichnung rot, gelb und grün für die Angabe des Prüfstatuts und des Prüfergebnisses. Sofort nach Auftreten eines Fehlers muß die Aussonderung der Teile erfolgen. Im schlimmsten Fall werden fehlerhafte Produkte bis zur Endprüfung durchgeschleppt oder gelangen sogar zum Versand. Fehlerhafte Produkte müssen von speziell ausgebildetem Personal überprüft werden, das auch die Entscheidung über die Behandlung fällt: Reparatur, Nacharbeit oder Ausschuß. Die Behandlung fehlerhafter Produkte soll nach einer schriftlichen Dokumentation erfolgen, Maßnahmen gegen das Wiederauftreten müssen ergriffen werden. Korrekturmaßnahmen sollen nicht nur den aufgetretenen Fehler abstellen, sondern diese Maßnahmen sollen auch diesen Fehler in Zukunft vermeiden.

10.3 Prüfungen/Prüfdurchführung

Die Durchführung von Prüfungen ist ein solch fundamentaler Bestandteil der Normen, daß diesem Thema hier ein eigenes, das nachfolgende Kapitel gewidmet wird. An dieser Stelle soll nochmals herausgestellt werden, daß die ISO 9003 sich nur mit der Endprüfung von Produkten beschäftigt. Sie wird in den vertraglichen Situationen angewendet, bei denen der Zulieferer nur durch eine Endprüfung nachweisen soll, daß seine Produkte den festgelegten Anforderungen entsprechen. Reine Montagebetriebe sind hierfür ein Beispiel.

10.4 Handhabung, Lagerung, Versand

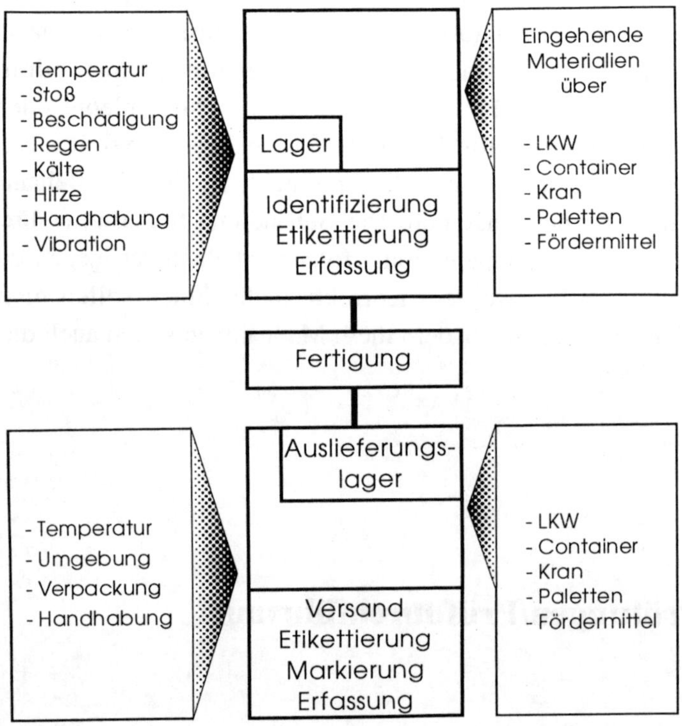

Abbildung 10.1 soll verdeutlichen, welche schädigenden Einflußgrößen auf Produkte einwirken können, und welche Verursacher dafür in Frage kommen. Die ISO-9000er Norm erwartet, daß diese Möglichkeiten erfaßt sind und auch durch das QS-System überwacht werden.

11 Prüfungen / Prüfdurchführung

11.1 Allgemeines

Prüfungen und deren Durchführung sind ein wesentlicher Bestandteil der Norm. Die Philosophie, die sich dahinter verbirgt, sagt aus, daß nicht geprüft wird, um fehlerhafte Produkte auszusondern. Vielmehr soll das Produkt vom ersten Mal an in Ordnung sein, Prüfungen sollen nur zur Bestätigung dienen. Das Prinzip dahinter ist Fehlerverhütung und Fehlervermeidung.

11.2 Überwachung

ISO 8402, die Begriffsnorm, definiert Qualitätsüberwachung als die ständige Beobachtung und Verifizierung des Zustandes einer Einheit (eines Prozesses) sowie Analysen von Aufzeichnungen , um sicherzustellen, daß festgelegte Forderungen erfüllt werden.

11.3 Prüfung und Verifizierung

ISO 9004 beginnt am Anfang des Kapitels über Produktionslenkung mit dem Hinweis, daß werksinterne Rückverfolgbarkeit wichtig ist und zweckmäßige Identifizierung entlang des Produktionsprozesses aufrechtzuhalten ist. Dies sollte so weit wie möglich bis zu den zugekauften Materialien gehen, besonders, wenn diese Zukaufteile einen besonderen Anteil an der Produktqualität haben. Absicht hierbei ist, den Werdegang eines bestimmten Teils oder Materials aufzuzeichnen, und zwar vom Zulieferer über die Produktion bis zum fertigen Produkt.

Ein ähnliches Vorgehen haben wir bei der Beschaffung schon kennengelernt, besonders was die Methoden der Spezifizierung und Verifizierung und auch der Annahmeprüfung betrifft.

Bild 11.1 soll die Schlüssel-Bereiche der Prüftätigkeiten aufzeigen.

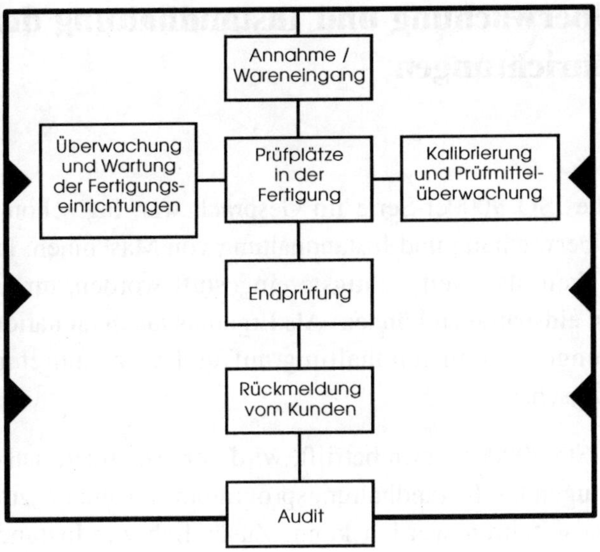

Abbildung 11.1

11.4 Endprüfung

ISO 9004 verlangt diese abschließende Produktverifizierung, um die Prüfungen während der Produktion zu bestätigen und schlägt folgendes wahlweise oder zusammen vor:

- 100%ige Prüfung eines jeden Produktes, welches aus der Fertigung kommt (es kann gegen die Bestellung geprüft werden); losweise Stichprobenprüfung oder kontinuierliche Stichprobenprüfung

- Auditierung über repräsentative Stichproben

Die gängigen Verfahrensanweisungen über Aussonderung und über Entscheidungsfindung bzgl. Weiterverwendung sind auch hier anzuwenden.

11.5 Überwachung und Instandhaltung der Betriebseinrichtungen

Lange bevor die ISO 9000er-Serie im Gespräch war, lag schon ein Hauptaugenmerk auf der Überwachung und Instandhaltung von Maschinen. In den 80er Jahren war diese Tätigkeit als zweitwichtigste eingestuft worden, um im beträchtlichen Umfang Kosten einsparen zu können. Als Ergebnis tauchten nationale und europäische Vereinigungen für Instandhaltung auf und veranstalteten Seminare zum Erfahrungsaustausch.

So weit es die ISO 9000er-Norm betrifft, wird vorausgesetzt, daß eine Fabrik nicht ohne ein vorbeugendes Instandhaltungsprogramm auf einem zufriedenstellenden Qualitätsniveau gefahren werden kann. Zusätzlich zur Instandhaltung müssen jedoch die Einrichtungen regelmäßig auf Genauigkeit und Präzision überprüft und ggfs. rekalibriert werden.

11.6 Prüfmittel-Überwachung

Wie genau ist die Mikrometer-Schraube? Es genügt nicht, nur die Genauigkeit der Fertigungseinrichtungen zu prüfen; es muß weiterhin ein System zur Überwachung der Genauigkeit von eingesetzten Prüfmitteln eingerichtet sein. Hiermit wird das Thema: eigener Meßraum oder externes Prüflabor? berührt. Ein großes Unternehmen ist in der Lage, einen eigenen Meßraum zu unterhalten und diesen an die nationale Kalibrierkette anzuschließen. Kleine Unternehmen sollten dies als Dienstleistung von externen Stellen einkaufen.

Die Norm fordert das folgende:

- korrekte Spezifikation und richtige Beschaffung bezüglich Meßbereich, Auflösung, Präzision, Robustheit und Dauerhaftigkeit
- Ausgangskalibrierung vor dem ersten Einsatz
- periodischer Rückruf zur erneuten Kalibrierung
- dokumentarischer Nachweis über oben aufgeführtes
- Rückverfolgbarkeit auf Bezugsnormale (Kalibrierkette)

Weitreichende Korrekturmaßnahmen bei Auftreten von Meßfehlern werden von der ISO 9004 ebenso gefordert.

(d.Ü.: zu dem Bereich Prüfmittel ist eine eigene ISO 10012 "Forderungen an die Qualitätssicherung von Meßmitteln" entstanden)

12 Qualitätsaudit

12.1 Die 10.000 Normenreihe

Diese Normenserie stößt auf großes Interesse bei den Auditoren und auch bei den Qualitätsbeauftragten, die eigene Systeme eingeführt haben und das Niveau dieser Systeme mittels Audits überprüfen wollen.

Das Hauptdokument ist die ISO 10011: Leitfaden für das Audit von QS-Systemen; Teil 1: Auditdurchführung. Weitere unterstützende Dokumente sind die ISO 10011 Teil 2: Qualifikationskriterien für Qualitätsauditoren und der Teil 3: Management von Auditprogrammen.

Die weiteren zwei zugehörigen Normen ISO 10012 Forderungen an die QS für Meßmittel Teil 1: Bestätigungssystem für Meßmittel und Teil 2: Qualitätssicherung von Meßmitteln können als Leitfaden zum Aufbau und zur Erstellung der QS-Systemfunktionen Prüfmittelüberwachung und -verwaltung herangezogen werden.

12.2 ISO 9004

Die ISO 9004 Norm verlangt interne Audits, die regelmäßig geplant vorgenommen werden sollen. Der Zweck dieser Audits ist festzustellen, ob das Qualitätsmanagement-System funktioniert. Die Norm beschreibt weiter in Kürze den Auditplan und die Durchführung des Audits. Berichterstattung und Weiterverfolgung von Auditfeststellungen sowie das Review und die Bewertung des eigenen Systems werden erörtert.

12.3 ISO 10011 Teil 1 Auditdurchführung

Die Norm trägt die Überschrift "Leitfaden für das Audit von QS-Systemen" und ist sowohl intern als auch extern anzuwenden. Die wesentlichen Bestandteile der Audit-Norm beziehen sich auf

- Zweck und Ziel,
- Organisation,
- das Audit selbst,
- weitere Maßnahmen.

Der Hauptzweck ist das Auditieren des gesamten QS-Systems (oder auch Teil-Audits), und die Ziele schließen ein

- Ermittlung, ob die Q-Forderungen bzgl. Produkt oder Prozeß erfüllt oder nicht erfüllt werden
- Ermittlung des Erfolges oder des Mangels des QS-Systems (sowohl bezogen auf Kundenforderungen als auch auf andere Richtlinien)

Der Rahmen eines Audits kann auch auf die Lieferanten und deren Bewertung ausgedehnt werden.

Die Norm empfiehlt, daß jedes Unternehmen seine eigenen betriebsspezifischen Abläufe erstellen soll, wenn es den Leitfaden für Audits übernimmt. Das Audit selbst sollte von Personen durchgeführt werden, die keine direkten Verantwortlichkeiten im untersuchten Bereich besitzen; sie sollen aber mit diesen Verantwortlichen kooperieren. Das gesamte Audit sollte von dem Gedanken einer Verbesserung und nicht einer Überprüfung getragen sein.

Der Auditor wird definiert als "eine zur Durchführung von Qualitätsaudits qualifizierte Person". Der Auditor muß für das Audit befugt sein, der Auftraggeber kann das eigene Unternehmen sein, ein Kunde, der seinen Zulieferer auditieren lassen will, eine unabhängige Institution (z.B. Aufsichtsbehörde) oder auch eine Zertifizierungsgesellschaft.

Weitere Ausführungen der Norm 10011 Teil 1 beziehen sich auf die Festlegung der Auditziele, auf die Aufgaben und Verantwortlichkeiten und auf die Unabhängigkeit des Auditors. Die Tätigkeiten des Auditors werden detailliert beschrieben und zwar von der Aufgabenstellung bis hin zum Bericht. Für das Audit selbst wird ein Vorgehen ähnlich einem Projektplan vorgeschlagen (Initialisierung --> Planung --> Durchführung).

12.4 ISO 10011 Teil 2 Qualifikationskriterien für Auditoren

Dieser Teil der Norm gibt Qualifikationskriterien für Auditoren vor. Hiermit bewegt sich diese Norm auf einem sehr interessanten Gebiet. Es stellt sich nämlich die Frage, wie qualifiziert muß ein Auditor sein, und wer bewertet den Auditor? Die neueste Version der ISO 10011-Teil 2 fordert lediglich, daß Bewerber um die Position eines Auditors eine höhere Schulbildung abgeschlossen haben sollen. Es wird weiter ausgeführt, daß dieser Bildungsabschluß nicht die Qualifikation für eine weitere akademische Ausbildung sein muß. Es genügt, die von einem Bewertungsgremium festgelegten Voraussetzungen zu erfüllen.

Das Konzept des Bewertungsgremiums ist äußerst interessant. Denn auch hier taucht die Frage auf: wer bewertet die Qualifikation der Mitglieder eines solchen Gremiums, zumal dieses Gremium aus nur zwei Personen bestehen kann (d.Ü: die EOQ - European Organisation for Quality beschäftigt sich auch mit diesem Thema und veröffentlichte einen Vorschlag für Qualifikationsinhalte).

Die Bewertung eines Auditors soll den Nachweis angemessener Kenntnisse und Fähigkeiten erbringen. Dies kann durch das Ablegen einer Prüfung vor einer nationalen Zertifizierungsstelle erfolgen. Der Kanditat muß Erfahrung und Kompetenz nachweisen.

Abgesehen von speziellen Forderungen eines Bewertungsgremiums wird das Folgende an die Fähigkeiten eines Auditors vorausgesetzt: umfangreiche Schulung in den betreffenden Normen, Beherrschung von Bewertungsmethoden, Planung, Organisation, Kommunikation und Führung. Bewerber um die Position eines Auditors sollten über mindestens 4 Jahre praktische Erfahrung verfügen, davon mindestens 2 Jahre in der QS. Bevor ein Kandidat Auditor wird, muß er mindestens vier Audits mit insgesamt 20 Tagen Dauer beigewohnt haben. Die Norm beschreibt weiterhin persönliche Eigenschaften eines Auditors und erläutert die Aufrechterhaltung der Befähigung zum Auditor.

12.5 Auditleiter

Das oben Beschriebene trifft vor allem auf die Person des Auditleiters zu, der von der Norm gefordert wird. Die Person, die ein Audit verantwortlich leitet, muß aus dem Kreis möglicher Auditoren ausgewählt werden. Auswahlkriterien sind in ISO 10011 Teil 3 beschrieben, zusätzlich:

- der Auditleiter muß selbst als qualifizierter Auditor (nach 10011 Teil 1) an drei Audits teilgenommen haben;
- der Auditleiter muß nachweisen, daß er sich mündlich wie schriftlich wirkungsvoll verständigen kann.

12.6 ISO 10011 Teil 3

Dieser Teil der Norm trägt den Titel "Management von Auditprogrammen". Vom Umfang her ist dieser Teil der Norm sehr gering und listet im wesentlichen Bekanntes auf. Das wenig Neue besteht in Vorschlägen zur Auswahl von Auditoren und Auditleitern, vor allem bezüglich deren notwendigen Fähigkeiten.

Dies versteht sich als Hinweis darauf, daß der ausgewählte Auditor nicht nur den Auditvorgang beherrscht, sondern auch spezielle Branchenkenntnisse mitbringen muß, wenn es um Audits in der kerntechnischen oder luftfahrttechnischen Branche oder um Software-Erstellung geht. Dort sind zusätzlich Kenntnisse der betreffenden branchenspezifischen Regelwerke erforderlich.

Die Norm behandelt weiter das sehr schwierige Thema der Überwachung der Auditorenleistung, ohne aber direkte praktische Anleitung zu geben. Der Auditor handelt grundsätzlich selbstverantwortlich, und die vagen Ausführungen der Norm über ein Auditmanagement lassen sich nicht realistisch umsetzen. Es ist schwierig herauszufinden, wer überhaupt eine solche Art von Auditmanagement mit Auditoren-Schulungsworkshops, Vergleich von Auditorenleistung und Leistungsbewertung anbieten kann.

Der letzte Abschnitt der Norm beschäftigt sich mit einem Ehrenkodex, den die Auditprogrammleitung während der Durchführung eines Audits beachten soll.

12.7 Praktische Hinweise zum Audit

Diese sollen unter drei Gesichtspunkten gegeben werden:

- Einleitung des Audits
- Planung des Audits
- Durchführung

12.7.1 Einleitung des Audits

Die Absicht, ein Voll-Audit durchzuführen, sollte nicht dazu verleiten, Vorab-Audits außer acht zu lassen. Wenn ein kleines Unternehmen so lange wartet, bis es ein Voll-Audit durchführen kann, wird es wohl nie zum Audit gelangen. Ein Vorab-Audit soll herausfinden helfen, wo das Unternehmen mit seinem QS-System steht.

Im ersten Schritt eines Audits sollten Umfang und Tiefe des Audits, Forderungen von Kunden oder durch Richtlinien, bestehende Dokumentation und der Umfang des bestehenden QS-Systems ermittelt werden. Die Häufigkeit des Audits sollte ebenso festgelegt werden. Das Voraudit sollte sich im wesentlichen auf das QM-Handbuch stützen, wie es die Norm auch fordert. Dies ist gängige Praxis, denn Zertifizierungsgesellschaften werden sich zuerst das Handbuch zusenden lassen,

12.7.2 Planung des Audits

In erster Instanz wird es unbekannt sein, wer die Auditoren sind. Geht es um interne Audits, werden wohl eigene Mitarbeiter die Auditoren sein, in einigen Fällen aber auch externe Berater. Der hier vorgeschlagenen Inhalte eines Ablaufplanes sollten von den Auditoren übernommen und im einzelnen mit dem Management abgesprochen werden:

1. Anlaß und Auditziele
2. Umfang des Audits und Organisation
3. Zusammensetzung der Teams
4. Zeitplan
5. Berichtswesen
6. bestehende Dokumentation

Das Auditteam muß eine eigene, interne Organisation aufstellen und dies in einem Arbeitspapier niederlegen.

12.7.3 Durchführung des Audits

Wenn alle vorbereitenden Tätigkeiten abgeschlossen sind, kann das Audit selbst beginnen. Die Abfolge ist üblicherweise folgende:

- Auftakt-Treffen
- Datensammlung
- Zusammenstellen der Dokumentation
- Bericht über Ergebnisse

12.7.3.1 Auftakt-Treffen

Bei diesem Treffen unterhält sich das Audit-Team mit dem Management und spricht das Vorgehen ab. Die Kommunikationswege zwischen Auditleiter und Geschäftsführung werden festgelegt, der Zeitplan wird verabschiedet und das zu auditierende Unternehmen wird über Art und Umfang des vorgesehenen Audits informiert.

12.7.3.2 Datensammlung

Die Datensammlung wird anhand von Beobachtungen, Interviews und Dokumentationssichtung vorgenommen. Die meisten Informationen werden wohl verbal vermittelt und gegen aktuelle Abläufe durch Beobachtung dieser gegengeprüft. Alle so gesammelten Daten werden dokumentiert. Alle Abweichungen ergeben sich durch Vergleich mit den ursprünglichen Richtlinien für Verfahren. Bevor der Auditbericht abgeschlossen wird, findet eine Schlußsitzung mit der Geschäftsführung statt, um diese vor Veröffentlichung der Auditergebnisse über diese in Kenntnis zu setzen.

12.7.3.3 Ergebnisbericht

Dieser Bericht wird vom Auditleiter unterschrieben und hat ungefähr folgende Struktur:

1. Hintergrund des Audits

2. Ziele

3. Umfang des Audits und Organisation

4. Bezugsgrößen - das Verfahrenshandbuch, die Qualitätsziele, die Kundenorientierung

5. Erfüllungsgrad und Abweichungen

6. Aktionsplan

7. Verteilerliste zum Bericht

12.8 Änderungen

Es liegt in der Verantwortung des Auditors, Abweichungen des QS-Systems festzustellen. Aber es liegt in der Verantwortung des Unternehmens, Änderungen einzuleiten. Am Ende der Umsetzung eines solchen Aktionsplanes für Änderungen sollte ein weiteres Folge-Audit stehen.

12.9 Ratschläge für Unternehmen

Hier einige Ratschläge an Unternehmen, die vor einem Audit stehen:

- Ist das QM-Handbuch, und sind die Organisationsdiagramme vollständig?

- Bestehen Kontakte zu externen Auditoren?

- Ist schon ein eigenes Voraudit durchgeführt worden?

- Gibt es Abweichungen folgender Sachverhalte, die einen großen Einfluß auf Qualität haben:

  * Nichterfüllung von Prüfvorgaben

  *Untererfüllung von gesteckten Zielen

12.10 Abschließende Bemerkung zur Qualifikation von Auditoren

Wie schon vorher erwähnt, ist Auditor ein Thema, zu dem sich die Norm bzgl. Qualifikation äußert. Jedoch ist es nicht die Normungsorganisation ISO, die die Qualifikation überprüft, sondern nationale Akkreditierungsgesellschaften oder die Zertifizierer selber. Deren Überlegungen zur Auswahl und Schulung von Auditoren gehen in die folgende Richtung:

- Ausbildung und berufliche Qualifikation
- Weiterbildung und berufliche Erfahrungen
- Kompetenz und Fähigkeiten/Veranlagung
- besonderes Kommunikationsvermögen

Bei Auditoren wird typischerweise eine höhere Schulbildung und berufliche Erfahrung vorausgesetzt, während Auditleiter einen universitären Abschluß oder einen ähnlich anerkannten Abschluß haben sollten, oder sie können auf andere geeignete Weise ihre Fähigkeit nachweisen.

Der Autor (Rothery) glaubt, daß sich hier auf gefährliches Gebiet begeben wird. Einige nationale Normungsinstitutionen stehen in Beziehung zu verschiedenen Qualitätsvereinigungen, was zu dem Versuch führen könnte, alleinigen professionalen Status erlangen zu wollen, um zu einer beherrschenden Marktstellung zu kommen.

Das Festhalten an vorgeschriebenen Qualifikationen für Auditoren ist der erste Schritt zu einer vorgeschriebenen Qualifikation für Qualitätsleiter und führt im weiteren Schritt zu einem technischen Hemmnis für Innovationen. Dies ist sicherlich nicht im Sinne der Normen. Die Norm äußert sich so dahingehend, daß jeder Praktiker, formell qualifiziert oder auf irgendeine andere Art, das im Folgenden erfüllen kann:

- Kenntnisse über Produktion, Wirtschaft, Systemanalyse, Technik
- Menschenführung
- Ausdrucksgewandheit in Schrift und Wort
- Anpassungsfähigkeit an neue Techniken

Man sollte darauf acht geben, daß nicht monopolistische Interessenskonzentrationen das Auditieren von QS-Systemen übernehmen. Das breit gestreute Spektrum der Branchen in der Industrie verlangt Experten mit notwendigem Sachverstand als Auditoren. Normen sollten nicht dazu führen, daß professionelle Gruppierungen den offenen Wettbewerb am Auditmarkt zu ihrem Vorteil nutzbar machen.

13 Zertifizierung und Registrierung

Bisher wurde über logische und (hoffentlich) verständliche Normen berichtet, nun aber kommt der schwer durchschaubare Bereich der Zertifizierungsmethoden im europäischen Zusammenhang. Dieses schwierige Gebiet wird bestimmt nicht einfacher dadurch, daß zum Zeitpunkt des Schreibens die Harmonisierungsbestrebungen im Rahmen des europäischen Binnenmarktes vorim Gange sind. Der geneigte Leser sei aufgefordert, bei der nationalen Normungsbehörde oder beim Deutschen Akkreditierungsrat (DAR) in Berlin die neueste europäische Entwicklung abzufragen.

13.1 Hintergrund

Die Harmonisierung der Prüf- und Zertifizierungsverfahren ist eine natürliche Folge der Harmonisierung von Normen. Wenn einer einzelnen Norm, oder wie bisher, einem Satz von Normen weltweit zugestimmt wird, hat dies praktische Konsequenz, wenn bisher nur nationale, allgemeingültige Zertifizierungsvorgaben bestanden.

Ein gutes Beispiel hierfür gibt die irische Normungsinstitution NSAI ab, die US-Unternehmen in USA selbst nach ISO 9000ff zertifiziert. Die Iren verkaufen ihren "harmonisierten" Sachverstand in die USA, obwohl es dort auch Zertifizierungsgesellschaften gibt. US-Unternehmen, die in den EG-Markt importieren, kaufen sich hiermit EG-Sachverstand ein. Hauptanliegen der harmonisierten Zertifizierung ist der freie Marktzugang von Produkten, die nach dem harmonisierten Verfahren geprüft sind. Dies beabsichtigt, Wiederholungsprüfungen für jedes Land zu vermeiden. Der Mechanismus hierzu ist die Umsetzung von EG-Richtlinien in nationale Richtlinien oder sogar Gesetze (siehe Produkthaftung).

13.2 Das CE-Zeichen

ISO 9000 wird gedanklich sowohl mit Produkten als auch mit Herstellern zusammengebracht, es ist dennoch eine Systemnorm. ISO 9000 will dennoch Übereinstimmung mit Produkt-Normen oder -Richtlinien sehen. Auch Produkt-Zertifikate gehen von einem QS-System nach ISO 9000ff aus. Dieser Vorgang ist dramatisch durch das neue CE-Zeichen beschleunigt worden.

Das auf eine Produkt aufgebrachte CE-Zeichen sagt aus, daß dieses Produkt alle auf sich zutreffenden gültigen EG-Richtlinien erfüllt und alle notwendigen Prüfungen durchgeführt worden sind. Beispiele von Produktgruppen, die unter EG-Produktrichtlinien fallen:

- elektrische Betriebsmittel
- Maschinen (deren Sicherheit)
- Bauprodukte
- Hebezeuge, Fördergeräte, Aufzüge
- Telekommunikations-Endeinrichtungen

Das CE-Zeichen erklärt Konformität zu den Richtlinien und soll als Reisepass für den europäischen Markt gelten. Es ist jedoch kein Qualitätssiegel.

Zur Umsetzung der EG-Richtlinien werden Europa-Normen (EN) in nationale Normen umgesetzt. Jede Regierung baut ein Prüf- und Zertifizierungssystem auf und benennt der EG-Kommission diese Einrichtungen. Diese Einrichtungen sind die oft erwähnten "notified bodies" (d.Ü.: das sind in Brüssel registrierte Prüfstellen, die im Rahmen der CE-Zeichen Prüfungen durchführen und darüber Zertifikate erstellen dürfen).

13.3 Die Zertifizierer

Die sogenannten "notified bodies" können Zertifizierungsgesellschaften, Prüflabore oder Prüfinstitute sein, üblicherweise von der Regierung solchermaßen anerkannt. Es wird gefordert, daß sie absolut unabhängig sind und sich nach den EN 45000er-Normen ausrichten. Diese Normen sollen ein EG-weites einheitliches System der Akkreditierung ermöglichen. Es gibt eine koordinierende Stelle, um eine gleichförmige Übernahme dieser Normen sicherzustellen.

Auch wenn die bisherigen Entwicklungen in der EG vornehmlich auf Produktnormen abzielen, so ist doch absehbar, daß eine "Management-Norm" wie die ISO 9000 auch "freiwillig" übernommen werden muß. So wird in den meisten Fällen für die Konformitätserklärung eines Herstellers (= CE-Zeichen) von diesem erwartet, daß er ein QS-System nach ISO 9000ff aufgebaut hat.

Anhand der EG-Bauprodukten-Richtlinie sollen die vier verschiedenen Methoden der Konformitätserklärung einmal aufgezeigt werden:

1. Hersteller erbringt Bescheinigung über Produkt-Konformität durch Dritte (third party), in der Regel eine Prüfstelle, in Verbindung mit einer Bewertung und Überwachung der Produktion auch durch Dritte

2. Hersteller erklärt Produkt-Konformität in Verbindung mit Bewertung seiner Produktion durch Dritte

3. Hersteller erklärt Produkt-Konformität auf der Basis einer Baumuster-Prüfung durch Dritte und Hersteller erklärt Produktionsüberwachung

4. Hersteller erklärt Produkt-Konformität und bescheinigt Produktionsüberwachung

Wie aus obigem zu ersehen, kann die Konformitäts-Bescheinigung erbracht werden, entweder

- durch Zertifikat einer akkreditierten Institution oder
- durch Hersteller-Erklärung.

Es sind in Praxis acht verschiedene Module zum Nachweis der CE-Konformität vorhanden, eins davon ermöglicht dem Hersteller, eigenverantwortliche das CE-Zeichen anzubringen, ohne daß es einer Anerkennung durch einen Dritten (third party=Zertifizierer) bedarf.

13.4 Wer überprüft den Zertifizierer?

Bevor hierauf geantwortet wird, sollen nochmals die drei verschiedenen Formen des Zertifikats dargestellt werden:

1. Selbsterklärung durch Selbstaudit gegen ISO 9000ff

2. internes Zertifikat - Kunde auditiert Zulieferer (Lieferantenbewertung)

3. externes Zertifikat - Auditierung durch Zertifizierungsgesellschaft

Der Markt fordert verstärkt den dritten Fall - das externe Zertifikat. Beteiligung am harmonisierten Markt heißt also Zertifizierung durch Dritte. Wer aber überprüft die Zertifizierer? Die EG-Kommission und CEN antworten darauf mit einer weiteren Normenserie - der 45000er.

13.5 Die EN 45000er-Normenserie

Zur Zeit der Erstellung dieses Buches ist diese Normenserie teilweise vorhanden bzw. in der Entstehung befindlich und wird folgendes abdecken:

-EN 45001 Allgemeine Kriterien zum Betreiben von Prüflaboratorien

-EN 45002 Allgemeine Kriterien zum Begutachten von Prüflaboratorien

-EN 45003 Allgemeine Kriterien für Stellen, die Prüflaboratorien akkreditieren

-EN 45004 Allgemeine Kriterien für Stellen, die Inspektionen durchführen

-EN 45011 Allgemeine Kriterien für Stellen, die Produkte zertifizieren

-EN 45012 Allgemeine Kriterien für Stellen, die QS-Systeme zertifizieren

-EN 45013 Allgemeine Kriterien für Stellen, die Personal zertifizieren

-EN 45014 Allgemeine Kriterien für Konformitätserklärungen von Anbietern

Die Norm EN 45012 ist diejenige, die das hier behandelte Thema: wer überprüft den Zertifizierer betrifft. Diese Norm fordert ein QS-Handbuch und Verfahrensanweisungen, welche wiederum die Zertifizierer selbst vorlegen müssen. Dieses wird dann gleichermaßen es von den Auditoren gefordert.(d.Ü.: eine Kette ohne Ende?)

Die Basis für einheitliche Zertifizierung ist als die Normenreihe EN 45000. Aber wer wird dies kontrollieren? CEN hat ein neues Komitee geschaffen, EQS (= European Committee for Quality System Assessment). EQS wiederum verfügt über national koordinierende Mitglieder in jedem Mitgliedsland. Diese anerkennen und überwachen die verschiedenen, nationalen Zertifizierungsgesellschaften unter Zuhilfenahme nationaler Anerkennungsverfahren.

Wenn ein Zertifizierer die Anforderungen der EN 45012 erfüllen will, muß er 20 Audits nach ISO 9000 nachweisen, ein QS-Handbuch und Verfahrensanweisungen besitzen und ein Audit durch einen Dritten bestehen.

13.6 Zertifizierung und Registrierung

Beide Begriffe meinen fast dasselbe, aber Zertifizierung meint im eigentlichen Sinne eine Normerfüllung und wird mehr und mehr im Zusammenhang mit Produkten benutzt. Registrierung bedeutet, daß ein Unternehmen den ISO 9000er-Status erfüllt und von einer Zertifizierungsgesellschaft überprüft und in deren Register aufgenommen wurde. Diese Registrierung mündet in einem Zertifikat.

13.7 ISO-Leitfaden zur Registrierung

Bisher wurde die Situation in der EG und von CEN geschildert, aber was sagt das ISO-Gremium zu diesem Thema? Viel von den EG- und CEN-Entwicklungen basiert auf einem früheren ISO-Leitfaden, der im wesentlichen folgendes beinhaltet:

- Antragstellung zur (ISO 900x-)Bewertung
- Bewertungsverfahren
- Ausstellung des Registrierungs-Dokumentes
- Überwachung und Änderungen
- Benutzung von Logos
- Werbung
- Mißbrauch und Aberkennung

Der ISO-Leitfaden bemerkt kurz, daß das Verfahren zwischen einem Antragsteller und einer bewertenden Stelle abläuft. Ein Antragsformular wird als Beispiel vorgegeben, und ein Informationsbesuch der bewertenden Stelle wird vorgeschlagen. Letzteres ist jedoch nicht Praxis, vielmehr läßt sich die bewertende Stelle zuerst das QS-Handbuch zusenden.

Der Leitfaden verlangt offenen Zugang der Auditoren zu sämtlicher Dokumentation und zum System. Er schreibt weiter vor, daß mindestens ein Mitglied des Auditteams Kenntnisse über die Technologie besitzen soll. Der Antragsteller darf Auditoren benennen, denn in einigen Fällen kann es sehr schwierig sein, Fachleute für ganz spezielle Technologien als Auditoren zu finden. Der Leitfaden beschäftigt sich weiterhin mit dem Bewertungsverfahren. Wenn ein Zertifizierer mit dem Überprüften zufrieden ist, wird der Registrierung zugestimmt, und das Dokument über die Registrierung wird dem Antragsteller übermittelt. Das registrierte Unternehmen wird in eine Liste der zertifizierten Unternehmen aufgenommen. Der Leitfaden liefert noch einen wichtigen Hinweis, der zur Zeit heftig diskutiert wird: ein Zertifizierer darf gleichzeitig keine Beratungsfunktion einnehmen.

Das Thema Überwachungsaudit wird weiterhin erörtert, die Intervalle liegen im Ermessen des Zertifizierers. Wenn der Zertifizierer dem Unternehmen ein Logo zur Verfügung stellt, welches die Zertifizierung bestätigt, darf dieses Logo nicht auf dem Produkt selbst verwendet werden.

Das Unternehmen darf

- den Kunden in Prospekten über das Zertifikat informieren;
- das Zertifikat aushängen;
- das Zertifikatslogo in speziell verabredeten Fällen verwenden.

Mißbrauch, Veränderung, Suspendierung und Aberkennung sind weitere Themen des Leitfadens. Veränderungen am QS-System müssen dem Zertifizierer gemeldet werden, Mißbrauch des Logos oder Nichtkonformität des Systems führen zur Suspendierung und Aberkennung des Zertifikates.

ISO unterhält ein Komitee, an dem sich die Zertifizierer beteiligen können, mit folgenden Zielen:

- Diskussion der Konformitätsbewertung für Produkte, Dienstleistungen und QS-Systeme;
- Erarbeitung internationaler Leitfäden bzgl. Prüfung und Zertifizierung von Produkten, Verfahren und Dienstleistungen sowie bzgl. Bewertung von QS-Systemen, Prüflaboratorien und Zertifizierungsgesellschaften;
- Förderung der gegenseitigen Anerkennung nationaler Bewertungsverfahren und der Anwendung der internationalen Normen für Prüfung und Zertifizierung.

14 Der Vorgang der Zertifizierung

14.1 Allgemeines

Es sollte bisher soweit klar sein, daß es zwei verschiedene Arten gibt, den ISO 9000er-Status zu besitzen. Zum einen kann ein Unternehmen die 9000er-Normen freiwillig umgesetzt haben, ohne anschließend ein Zertifikat zu beantragen (d.Ü: dies wird wohl in Zukunft häufiger anzutreffen sein, denn die Kosten einer Zertifizierung sind nicht unbedeutend). Zum anderen werden die meisten Unternehmen ein Zertifikat besitzen wollen, welches in den EG-Ländern oder auch weltweit akzeptiert wird. Zwei Einflußsphären wirken auf den Vorgang der Zertifizierung, die Harmonisierung der Normen und die Harmonisierung der Zertifizierungspraxis.

14.2 Die Zertifizierer

(d.Ü. weicht hier vom englischen Buch ab, denn dort sind die Gegebenheiten in GB geschildert. Es scheint angebracht, dies hier für Deutschland zu tun).

Wenn sich ein Unternehmen entschieden hat, sich zertifizieren zu lassen, dann taucht zwangsläufig die Frage auf, wer der Zertifizierer sein soll. Es gibt zur Zeit (Ende 1993) mehr als 16 Zertifizierungsstellen, die heute in Deutschland tätig sind und ihre Dienstleistung auf dem deutschen Markt anbieten.

Man kann diese Zertifizierer von ihrer Herkunft her in drei Kategorien einteilen. Es gibt Zertifizierungsstellen, welche Töchter oder Abteilungen von schon seit langer Zeit weltweit operierenden Abnahmegesellschaften sind (Bureau Veritas,Lloyd´s Register, Det Norske Veritas, SGS als Beispiele).

Weiterhin gibt es nationale branchenspezifische Abnahmegesellschaften wie TÜV, DEKRA, VDE, die inzwischen auch als QS-Systemzertifizierer anerkannt sind.

Die dritte Kategorie wird von den nationalen Qualitätsförder-Organisationen wie DGQ - Deutsche Gesellschaft für Qualität, ÖVQ - Österreichische Gesellschaft für Qualität, SQS - Schweizerische Qualitätsvereinigung gebildet, die auch Zertifizierungsgesellschaften gegründet haben. In Deutschland ist daraus die DQS - Deutsche Gesellschaft zur Zertifizierung von Qualitätsmanagementsystemen entstanden.

Bei der Auswahl des Zertifizierers sollte die Kundschaft eines Unternehmens berücksichtigt werden. Einige Zertifizierer sind in speziellen Branchen tätig, weltweit darin bekannt und auch anerkannt. Es hat wenig Sinn, sich an einen Zertifizierer der Elektrobranche zu wenden, wenn die Kunden aus dem Mineralölbereich kommen.

(d.Ü.: wie schon erwähnt, kann eine Liste der Zertifizierer mit Branchenzuordnung über Fax 0241 / 15 63 45 angefordert werden)

14.3 Vorinformation zur Zertifizierung

Diese Vorinformationen werden im allgemeinen von den Zertifizierern in einer kleinen Broschüre zur Verfügung gestellt, erklären die verschiedenen Teile der ISO-Norm und schildern die Schritte zum Zertifikat:

- Anmeldung
- Gebührenübersicht
- Bewertung des QS-Handbuches
- besondere Vereinbarungen
- Audit
- Ergebnis
- Zertifikat
- Nachaudits

Nach Anmeldung erhält der Bewerber einen Satz Anmeldeformulare:

- Anschreiben
- Anmeldeformular
- Fragebogen zur Selbstbewertung
- Erläuterungen zu den Gebühren
- erklärende Informationen

Der Fragebogen zur Selbstbewertung ist das Interessanteste bei der Anmeldung. Mit diesem Fragebogen soll der Bewerber seine eigene Position in Relation zu den Anforderungen der ISO 9000 darlegen. Der Fragebogen behandelt detailliert die Bereiche:

- Wareneingang
- Lieferantenbewertung
- Fertigungszwischenprüfungen
- Endprüfungen
- Schulung
- Prüfmittel-Überwachung
- Qualitätspolitik
- QS-Handbuch
- Lenkung der Dokumentation
- Reviews
- Design
- Kundenreklamationen
- Fehlererfassung

14.4 Zertifizierungskosten

Zu den Gebühren seien an dieser Stelle einige Wort verloren, denn die Kosten für die Zertifizierung können von Anbieter zu Anbieter deutlich schwanken, auch wenn dies bei der ersten Einsichtnahme in die Gebührentabellen nicht direkt ersichtlich ist.

Ein Vergleich der Leistungen der Zertifizierer zu den Kosten zeigt, daß einige Zertifizierer Pauschalangebote für das Zertifizierungsaudit und die fälligen Überwachungsaudits und Nachaudits abgeben, andere jedoch sich jeden Schritt einteln bezahlen lassen bis hin zu einer Vergütung für die Benutzung des Zertifikatslogos.

Auch sind die Zeiträume für die Gültigkeit eines Zertifikats unterschiedlich, sodaß erst nach genauer Berechnung und Abwägung eine Entscheidung für einen Zertifizierer, mit dem man sich über Jahre vertraglich bindet, gefällt werden sollte. Es lassen sich so mehrere Zehntausend DM einsparen.

14.5 Besondere Vereinbarungen

Ein Zertifizierer kann hingehen und besondere Vereinbarungen zusätzlich zur Norm hinzufügen. Dies betrifft insbesondere spezielle Branchen wie die Elektronik oder Kernkraft-Industrie. Diese besonderen Vereinbarungen müssen vom Bewerber gegengezeichnet werden und werden somit Vertragsbestandteil.

Beispiel für besondere Vereinbarungen:

- Laufzeit / Dauer des Zertifikats
- Benennung einer verantwortlichen Person als Ansprechpartner für den Zertifizierer
- Bekanntgabe von Änderungen, auch Besitzwechsel
- Wiederholungs-/Nachaudits
- Widerruf und Aberkennung des Zertifikats
- Benutzung von Logos
- Vertragsbeendigung
- Gebührenordnung
- Zusatzvereinbarungen für bestimmte Industrie-Zweige

14.6 Bewertung des QS-Handbuches

Bedingung zur Anmeldung einer Zertifizierung ist das Vorhandensein eines QS-Handbuches, denn der Zertifizierer überprüft erst das QS-Handbuch auf Erfüllung der ISO 9001, 9002 oder 9003. Dazu wird dieses dem Zertifizierer überstellt, der es eingehend prüft und kommentiert. Abweichungen und Ungereimtheiten werden vermerkt, diese sollten bis zum eigentlichen Audit geklärt sein.

14.7 Das Audit selbst

Ein Auditor des Zertifizierers prüft nach Terminabsprache das QS-System des Antragstellers und bewertet die betriebliche Wirklichkeit mit der Darstellung im QS-Handbuch. Der Auditbericht liefert in schriftlicher Form das Ergebnis, mögliche Auflagen oder Einschränkungen. Der Moment ist gekommen, wo über die Zuteilung des Zertifikats entschieden ist.

14.8 Das Zertifikat

Eine Anzahl von Regeln ist mit der Verwendung des Zertifikats verbunden. Logos, die den Status "zertifiziert" verdeutlichen, dürfen nicht direkt auf dem Produkt angebracht werden. Ein Unternehmen darf das Logo aber auf dem Briefpapier und in Werbebroschüren verwenden.

15 Berater

15.1 Alleingang

Große Unternehmen haben nicht in dem Maße Schwierigkeiten, ein Zertifikat zu erarbeiten, wie es kleine Unternehmen haben. Der Wert zur Zertifizierung ist von einem unproduktiven Mehraufwand gekennzeichnet, den kleine Unternehmen schwerlich erbringen können, der Nutzen einer Zertifizierung wird sich erst später einstellen. Jemand, der bisher in diesem Buch gelesen hat, sollte sich die folgenden Fragen stellen:

- Wird dem Thema Zertifizierung von der Geschäftsleitung die nötige Aufmerksamkeit gewidmet?

- Werden dem Verantwortlichen die nötigen Befugnisse erteilt?
- Gibt es Geschäftsführer, die den Verantwortlichen unter Druck setzen können?
- Gibt es unternehmenspolitische Gründe, daß durch ein Audit nicht unerwünschte Zusammenhänge aufgedeckt werden?

Es gibt einige gute Gründe für einen Alleingang, besonders die des persönlichen Engagements und des Selbstvertrauens des Qualitätsbeauftragten. Erfolg wird sich sicherlich einstellen, wenn die Geschäftsführung eine gewisse Verantwortung auf den Ausführenden überträgt und diesen voll und ganz unterstützt. Wenn in einem Unternehmen erst Schranken eingerissen werden müssen und die Forderungen der ISO 9000, vorgetragen vom Qualitätsbeauftragten, auf taube Ohren stößt, dann ist es einfacher, sich einen Externen als Propheten ins eigene Haus zu holen.

15.2 Externes Fachwissen

Die wichtigste Phase, währenddessen ein Berater hinzugezogen werden sollte, ist die Anfangsphase der Orientierung oder auch "Entdeckung/Erforschung" der ISO 9000er-Norm und dessen Wirkungsgebilde. Ein Externer kann die Geschäftsführung u.U. wesentlich prägnanter aufklären und auch die Folgen schildern, wenn die Forderungen der Norm außer acht gelassen werden. Argumentationshilfe für eine Zertifizierung kann z.B. wie folgt lauten: Ein Audit soll nicht Versäumnisse offenlegen, sondern als Gelegenheit gesehen werden, die Verpflichtung zu Qualität zu demonstrieren und die Umsetzung in ein QS-System zu belegen. Der Vorgang der Zertifizierung sollte etwas sein, das zelebriert und nicht erduldet wird. Es wird die Produktivität verbessern helfen und die Moral der Belegschaft beeinflussen können.

Die Geschäftsleitung wird auf das Letztgenannte am stärksten reagieren und auch die Vorteile sehen, wenn durch Verfahrensanweisungen und zugewiesenen Verantwortlichkeiten zum ersten Mal das Unternehmen festgeschrieben wird.

Die wichtigen Phasen, zu denen ein Externer beitragen kann, sind:

- Voraudit
- Entwurf des QS-Systems
- Festlegung von Spezifikationen / Verfahrensanweisungen
- Vorprüfung des QS-Systems vor der Zertifizierung

15.3 Vorteil durch den unabhängigen Externen

Viele sind durch das eigene Tagesgeschäft zu beschäftigt, um die Dinge zu erkennen, die ein Externer auf Anhieb sieht. Dem Externen fällt nicht schwer, das zu sagen, was im eigenen Unternehmen nicht gerne gehört wird: die Kantine ist genauso dreckig wie die Werkstatt (oder umgekehrt), die Lagerbereiche sind unzulänglich gegen fremdes Betreten gesichert, die Fertigung legt ein es-wird-schon-gehen-Verhalten an den Tag, Endtermine sind wichtiger als Qualität, die Geschäftsführung versteht nicht, was der Kunde haben möchte.

Der unabhänigige Externe macht dem Unternehmen frühzeitig klar, was der Zertifizierer u.U. ohne Zögern aussagt: Zertifikat unter diesen Bedingungen und Gegebenheit nicht möglich.

15.4 Ein Besuch woanders

Es empfiehlt sich, ein befreundetes, schon zertifiziertes Unternehmen oder auch den Abnehmer, der ein Zertifikat verlangt und schon zertifiziert ist, zu besuchen. Gespräche, Rundgang und ein Blättern im QS-Handbuch hinterlassen einen bleibenden Eindruck und motivieren für das eigene Projekt.

Anhang

Erstellen des QS - Handbuchs

Zum Autor dieses Beitrages:

Dr.-Ing. Dietmar Köppe, Jahrgang 1954, studierte Maschinenbau an der Ruhr-Universität Bochum und der RWTH Aachen. Ab 1984 war er wissenschaftlicher Mitarbeiter am Fraunhofer-Institut für Produktionstechnologie (IPT), Aachen, in der Forschergruppe Qualitätssicherung tätig. 1989 bis 1991 war er dort als Oberingenieur verantwortlich für die Abteilung Meßtechnik. Er promovierte 1991 am IPT bei Professor Dr.-Ing. Dr.h.c. T. Pfeifer über CAQ in der rechnerintegrierten Produktion und ist seit Beginn dieses Jahres als Mitgesellschafter der G•f•Q•S - Gesellschaft für Qualitätssicherung mbH, Aachen, verantwortlich für den Bereich "Systeme und Verfahren".

A. Definition und Begriffsabgrenzung

Die Begriffsnormen zur Terminologie der Qualitätssicherung (sowohl DIN wie auch ISO) unterliegen zur Zeit einer umfassenden Überarbeitung. Im Entwurf zur DIN ISO 8402 vom März 1992 wird das Qualitätssicherungs-Handbuch nicht mit einer eigenen Definition, sondern als Spezialfall des Qualitätsmanagement-Handbuchs, das sich dann nur auf Forderungen der Qualitätssicherung bezieht, erwähnt.

Im Entwurf zur DIN ISO 8402 A1 vom Oktober 1989 wird der Begriff "Qualitätssicherungs-Handbuch" wie folgt definiert:

Qualitätssicherungs-Handbuch

Ein Dokument, das die *Qualitätspolitik*, das Qualitätssicherungssystem und die qualitätsrelevanten Vorgehensweisen einer Organisation darlegt.

Ein QS-Handbuch kann sich auf die Gesamtheit der Tätigkeiten einer *Organisation* oder nur auf einen Teil davon beziehen. Der Anwendungsbereich eines QS-Handbuch wird von dem Titel und den im QS-Handbuch erwähnten Qualitätszielen (*Qualitätspolitik*) widergespiegelt. Ein QS-Handbuch enthält üblicherweise oder verweist mindestens auf:

a) die *Qualitätspolitik*

b) die Verantwortungen und Befugnisse sowie die gegenseitigen Beziehungen von Mitarbeitern in leitender, ausführender, verifizierender oder überprüfender, qualitätsrelevanter Tätigkeit

c) die Verfahren und Anweisungen im *Qualitätssicherungssystem* (QS-Verfahren und QS-Anweisungen)

d) eine Festlegung zur Überprüfung, Aktualisierung und Überwachung des QS-Handbuchs

Das Qualitätssicherungs-Handbuch ist somit das zentrale Dokument eines Qualitätssicherungs-Systems. Ohne dieses Handbuch kann ein System weder dargelegt noch seine Funktionsfähigkeit nachgewiesen werden. Es spielt eine grundlegende Rolle bei dem Vorgang der Zertifizierung.

Das Qualitätssicherungs-Handbuch beschreibt nicht mehr und nicht weniger die Gesamtheit aller qualitätsrelevanten Vorgänge eines Unternehmens.

Hierzu gehört notwendigerweise:

* die Darstellung der unternehmerischen Zielsetzungen in puncto Qualität und die Darlegung des Stellenwerts der Qualität im Wertegefüge des Unternehmens

* die Beschreibung der Aufbau- und Ablauforganisation

* die Festlegung von Verantwortlichkeiten und Zuständigkeiten

* Ausführungen zu der Organisation von Team-Arbeiten und bereichsübergreifenden Tätigkeiten

B. Struktur des Handbuchs

Die strukturelle Ausgestaltung des Qualitätssicherungs-Handbuchs ist grundsätzlich dem Unternehmen freigestellt. Seine spätere Anwendung sowie die damit verbundenen Aufgaben des Handbuchs legen jedoch bestimmte Strukturen der inhaltlichen Gliederung als besonders sinnvoll nahe.

Das QS-H wird sowohl im Unternehmen verteilt wie auch im Rahmen der Akquisition oder Kundenpflege an Externe ausgegeben. Da im zweiten Fall ein Mißbrauch (z.B. die Weitergabe des Textes an Wettbewerber) nicht ausgeschlossen werden kann, muß die unerwünschte Offenlegung von firmenspezifischem Know-How verhindert werden.

Das Handbuch dokumentiert das Qualitätssicherungs-System des Unternehmens. Der Aufbau des Handbuchs sollte den grundlegenden Aufbau des Systems erkennbar werden lassen.

Das Handbuch hat die Funktion eines Nachschlagewerkes. Der gezielte Zugriff auf Informationen wie auch deren schnelles Wiederauffinden prägen Akzeptanz und Gebrauchswert des Handbuchs.

Das Handbuch ist ein lebendes Dokument. Im Rahmen der laufenden Pflege muß ein leichtes und organisatorisch sicheres Austauschen von Elementen des Handbuchs gewährleistet sein.

Aus diesen Forderungen und Rahmenbedingungen lassen sich Gestaltungsregeln für den Aufbau des Qualitätssicherungs-Handbuchs ableiten. Diese werden im folgenden näher erläutert.

Das Handbuch ist als Loseblatt-Sammlung aufzubauen!

Hiermit ist sichergestellt, daß einzelne Kapitel im Rahmen des Änderungsdienstes leicht ausgetauscht werden können. Das Kapitel ist die kleinste Einheit, die ausgetauscht werden darf. Die Änderung einzelner Seiten oder einzelner Abschnitte ist nicht zulässig. Die Seiten werden innerhalb eines Kapitels fortlaufend numeriert. Die Anzahl der Kapitelseiten wie auch der aktuelle Ausgabestand ist auf jeder Seite des Handbuchs und in einer separaten Revisionsstand-Tabelle anzugeben.

Das Handbuch ist dreiteilig aufzubauen.

Teil I macht Angaben zur Organisation, zum Gebrauch, zur Herausgabe und zur Pflege des Handbuchs.

Teil II enthält die Ausführungen zu den Qualitätssicherungs-Elementen (z.B. die Elemente 1-20 der DIN ISO 9001).

Teil III organisiert die Anlagen (Verfahrensanweisungen, Arbeitsanweisungen, Belege, Formblätter, mitgeltende Dokumente, Auflistung der zitierten Normen und Richtlinien, etc.).

Diese Dreiteilung vereinfacht die Herausgabe und Verteilung des Handbuchs. Die Teile I und II werden an Führungskräfte des Unternehmens und an Externe (z.B. an Kunden im Rahmen der Akquisition) ausgegeben.

Dokumente des Teils III stehen jeweils im benötigten Umfang den Mitarbeitern der operativen Ebene zur Verfügung. Da in diesem Teil präzise Angaben zu Abläufen und technischen Verfahren gemacht werden, die auch schützenswertes Know-How enthalten, werden diese Dokumente nicht an Externe weitergegeben. Dieser Umstand sollte frühzeitig bei der Erstellung des Handbuchs Berücksichtigung finden.

Der Aufbau des Teils II soll die Forderungen nach Darstellung des unternehmensspezifischen Systems und Normkonformität bestmöglich miteinander verbinden und erfüllen.

Häufig erfolgt die Erstellung bzw. Überarbeitung des Qualitätssicherungs-Handbuchs im Rahmen eines Projektes, das die Zertifizierung des Unternehmens zum Ziel hat. In diesem Fall ist es naheliegend, die Gliederungsstruktur der Norm (DIN ISO 9001, 9002 oder 9003), für die sich das Unternehmen entschieden hat, in das Handbuch zu übernehmen. Die Tabelle 1 zeigt eine typische Gliederung des Handbuchs nach DIN ISO 9001.

Teil I (Organisation des Handbuchs)	
1	Inhaltsverzeichnis
2	Erklärung zur Qualitätspolitik
3	Herausgabe und Änderung des Qualitätssicherungs-Handbuchs
4	Aufbau und Struktur des Qualitätssicherungs-Handbuchs
5	Begriffserläuterungen
6	Verzeichnis der Änderungsstände
Teil II (QS-Elemente)	
1	Verantwortung der obersten Leitung
2	Qualitätssicherungs-System
3	Vertragsüberprüfung
4	Designlenkung
5	Lenkung der Dokumente
6	Beschaffung
7	Vom Auftraggeber beigestellte Produkte
8	Identifikation und Rückverfolgbarkeit von Produkten
9	Prozeßlenkung
10	Prüfungen
11	Prüfmittel
12	Prüfstatus
13	Lenkung fehlerhafter Produkte
14	Korrekturmaßnahmen
15	Handhabung, Lagerung, Verpackung und Versand
16	Qualitätsaufzeichnungen
17	Interne Qualitätsaudits
18	Schulung
19	Kundendienst
20	Statistische Verfahren
Teil III (Anhänge)	
1	Zitierte Dokumente, die nicht Bestandteil des Handbuchs sind
2	Übersicht der Dokumente, die Bestandteil des Handbuchs sind
3	QS-Verfahrensanweisungen
4	QS-Arbeitsanweisungen
5	QS-Formulare und mitgeltende Unterlagen

Tabelle 1: Handbuchstruktur in Anlehnung an den Aufbau der ISO 9001

Die Vorteile liegen auf der Hand.

Zum einen läßt sich so aus dem Handbuch durch einen direkten Vergleich mit den Forderungen der Norm ohne großen Aufwand die Entsprechung bzw. der Handlungsbedarf bzgl. des Qualitätssicherungs-Systems erkennen.

Zum anderen erleichtert eine derartige Handbuchstruktur das Procedere der Zertifizierung. Ein ausgebildeter Auditor muß zwar in der Lage sein, die Darstellung des Qualitätssicherungs-Systems in beliebig aufgebauten Handbüchern zu bewerten, jedoch ist dies mit einem ungleich höheren zeitlichen Aufwand verbunden und kann das Zertifikat wesentlich verteuern.

Diesen Vorteilen stehen jedoch auch Nachteile gegenüber.

Die DIN ISO 9001 berücksichtigt die Themenkreise "Qualität & Kosten" oder "Qualität & Umweltschutz" nur marginal. Gleiches läßt sich zu Prinzipien der "Prozeßkettenmodelle" oder des "internen Kunden" sagen. Abhilfe läßt sich hier durch die Ergänzung entsprechender Kapitel schaffen.

Die Norm verschränkt die ablauforientierte Betrachtungsweise (Auftragsdurchlauf) mit der Berücksichtigung phasenunabhängiger Komponenten eines Qualitätssicherungs-Systems. Dies provoziert Zuordnungsprobleme. So stellt sich z.B. häufig die Frage, wo Wareneingangs- und Erstmusterprüfungen zu beschreiben sind: im Kapitel "Beschaffung" oder im Kapitel "Qualitätsprüfungen"? Zwar lassen sich derartige Fragen durch entsprechende Querverweise lösen, jedoch hinterlassen solche Konstruktionen häufig den Eindruck, daß die Festlegungen doch nicht so ganz dem eigenen Unternehmen entsprechen.

Besonders deutlich werden die Schwierigkeiten mit einer normorientierten Handbuchstruktur nach DIN ISO 9001, wenn ein Unternehmen kein Zulieferer und Serienfertiger für Stückgut ist, sondern Dienstleistungen oder immaterielle Produkte wie z.B. Software anbietet.

In diesem Fall bietet es sich an, auf die der Normreihe DIN ISO 9000 zugehörigen Leitfäden zurückzugreifen und deren inhaltliche Gliederung als Vorlage für die Strukturierung des Handbuchs zu nutzen. Tabelle 2 zeigt als Beispiel die Handbuchorganisation eines Unternehmens der Software-Industrie.

Teil I (Organisation des Handbuchs)

1 Inhaltsverzeichnis
2 Erklärung zur Qualitätspolitik
3 Herausgabe und Änderung des Qualitätssicherungs-Handbuchs
4 Aufbau und Struktur des Qualitätssicherungs-Handbuchs
5 Begriffserläuterungen
6 Verzeichnis der Änderungsstände

Teil II (QS-Elemente)

1 Qualitätssicherungssystem - Rahmen
1.1 Verantwortung der obersten Leitung
1.2 Qualitätssicherungs-System
1.3 Interne Qualitätsaudits
1.4 Korrekturmaßnahmen

2 Qualitätssicherungssystem - Lebenszyklustätigkeiten
2.1 Vertragsüberprüfung
2.2 Spezifikation der Forderungen des Auftraggebers
2.3 Planung der Entwicklung
2.4 Planung der Qualitätssicherung
2.5 Design und Implementierung
2.6 Testen und Validierung
2.7 Annahme
2.8 Pflege

3 Qualitätssicherungssystem - Unterstützende Tätigkeiten
3.1 Konfigurationsmanagement
3.2 Lenkung der Dokumente
3.3 Qualitätsaufzeichnungen
3.4 Messungen
3.5 Regeln, Praktiken und Übereinkommen
3.6 Werkzeuge und Techniken
3.7 Beschaffung
3.8 Beigestellte Produkte
3.9 Schulung

Teil III (Anhänge)

1 Zitierte Dokumente, die nicht Bestandteil des Handbuchs sind
2 Übersicht der Dokumente, die Bestandteil des Handbuchs sind
3 QS-Verfahrensanweisungen
4 QS-Arbeitsanweisungen
5 QS-Formulare und mitgeltende Unterlagen

Tabelle 2: Handbuchstruktur in Anlehnung an den Aufbau der ISO 9000 Teil 3

Einige der vorgenannten Defizite (Kosten, Umwelt, ...) sind zwar damit nicht aufgehoben, jedoch ermöglicht die schärfere Trennung von phasenabhängigen Tätigkeiten in der Auftragsbearbeitung und phasenunabhängigen Aufgaben im Aufbau dieses Leitfadens eine einfachere Abbildung des betrieblichen Geschehens in das Handbuch.

Ebenso ist die Anpassung der Leitfäden an die branchenspezifische Terminologie eine große Hilfe bei der Erstellung des Handbuchs und bei der Bewertung inwieweit das durch das Handbuch dargestellte Qualitätssicherungs-System die Anforderungen des Normenwerks erfüllt.

Ein zusätzlicher Aufwand muß betrieben werden, wenn, wie es bei dem in Tabelle 2 dargestellten Beispiel der Fall ist, das Unternehmen nicht nur Software, sondern auch noch die zugehörige Hardware entwickelt und fertigt. Aufgrund der Unternehmensgröße schien eine Aufteilung in ein Software- und ein Hardware-Handbuch nicht sinnvoll. Dies hätte auch dem Verständnis einer integrierten Qualitätssicherung widersprochen.

Welche Schwierigkeiten bei einer geschlossenen Beschreibung von Elementen eines Qualitätssicherungs-Systems (Hardware) innerhalb eines Qualitätssicherungs-Handbuchs (Software) auftreten können, läßt sich leicht ermessen, wenn man die Mehrfachzuordnungen der Inhalte aus den Normen DIN ISO 9001 und DIN ISO 9000 T3 in den Anhängen "A" und "B" der DIN ISO 9000 T3 betrachtet.

Die Gliederung des Handbuchs in Anlehnung an den Aufbau einer Norm zu gestalten ist zwar naheliegend, besonders dann, wenn eine umfassende Reorganisation des Qualitätssicherungs-Systems mit dem Ziel der Zertifizierung angestrebt wird, jedoch keineswegs zwingend vorgegeben.

Gewachsene und mit Erfolg eingesetzte Strukturen eines Unternehmens lassen häufig andere Gliederungen des Handbuch sinnvoller erscheinen. Tabelle 3 gibt hierfür ein Beispiel.

1 Einleitung
- 1.1 Beschluß der Geschäftsleitung
- 1.2 Qualitätspolitik und Qualitätssicherungssystem
- 1.3 Aufbau des Qualitätssicherungshandbuch
- 1.4 Organisation des Qualitätssicherungshandbuch

2 Unternehmensstruktur
- 2.1 Aufbauorganisation
- 2.2 Verantwortlichkeiten und Informationsflüsse
- 2.3 Stellenbeschreibungen

3 Ablaufgebundene Elemente des Qualitätssicherungssystems
- 3.1 Produktspezifikation
- 3.2 Entwicklung und Konstruktion
- 3.3 Qualitäts- und Prozeßplanung
- 3.4 Vorserie
- 3.5 Erstbemusterung und Freigabe
- 3.6 Beschaffung
- 3.7 Produktion
- 3.8 Versand
- 3.9 Kunden- und Produktbetreuung

4 Übergreifende Elemente des Qualitätssicherungssystems
- 4.1 Vertragsprüfung
- 4.2 Dokumentationswesen und Änderungsdienst
- 4.3 Kennzeichnung und Rückverfolgbarkeit
- 4.4 Bereitgestellte Produkte vom Auftraggeber
- 4.5 Behandlung fehlerhafter Einheiten
- 4.6 Korrekturmaßnahmen
- 4.7 Umgang mit Produkten, Transport und Lagerung
- 4.8 Qualitätsaufzeichnungen
- 4.9 Prüfmittelüberwachung
- 4.10 Vorbeugende Instandhaltung
- 4.11 Qualitätstechniken

5 Meßbarkeit
- 5.1 System
- 5.2 Produkte
- 5.3 Produktionsmittel
- 5.4 Prozesse
- 5.5 Kosten

6 Mitarbeiter
- 6.1 Schulung
- 6.2 Motivation und Einbeziehung in Unternehmensentscheidungen

7 Mitwelt/Arbeitsumfeld

8 Management/Qualitätsverbesserungsprogramm

9 Anhang:
Typische Dokumente des Qualitätssicherungssystems

Tabelle 3: Struktur in Anlehnung an das Prozeßmodell in der Qualitätssicherung

Es handelt sich um das Handbuch eines Automobilzulieferers. Ausgehend von der Überlegung, daß Qualität im besonderen Maße von:

- Menschen,
- Methoden,
- Maschinen,

und weiteren Größen beeinflußt wird, wurde das Handbuch nach dem Prozeßmodell der Qualitätssicherung (7M) gegliedert. 7M steht dabei für:

<u>Mensch</u> (im Handbuch das Kapitel "Mitarbeiter")

<u>Maschine</u> (im Handbuch das Kapitel "Unternehmensstruktur")

<u>Methode</u> (im Handbuch die Kapitel "Ablaufgebundene Elemente des Qualitätssicherungs-Systems" und "Übergreifende Elemente des Qualitätssicherungs-Systems")

<u>Meßbarkeit</u>

<u>Mitwelt</u> (im Handbuch das Kapitel "Mitwelt / Arbeitsumfeld")

<u>Management</u> (im Handbuch das Kapitel "Management / Qualitätsverbesserungsprogramm")

<u>Material</u> (findet in der Kapitelstruktur keine Entsprechung)

Da das Prozeßmodell zugleich ein Ursache-Wirkungs-Modell ist, lassen sich mit dieser Struktur sehr einfach die beabsichtigten qualitätsfördernden Auswirkungen der einzelnen Qualitätssicherungselemente des Systems deutlich machen.

Da absehbar war, daß das Qualitätssicherungs-Handbuch dieses Unternehmen in Audits zahlreicher Kunden bewertet werden würde, die jeweils individuelle Qualitätssicherungs-Richtlinien zugrunde legen, wurde eine Matrix entwickelt, die den Kapiteln des Handbuchs die Entsprechungen der Firmen-Richtlinien (z.B. Q 101 von Ford), die Inhalte der 9001 und die Inhalte der VDA 6 gegenüberstellt.

Dies ist für den Auditor eine grundlegende Hilfe und Erleichterung bei der Systembewertung.

Unternehmen sollten grundsätzlich prüfen, ob eine derartige Matrix nicht eine sinnvolle Ergänzung ihres Handbuchs darstellen kann.

Einzelne Kapitel haben, wo immer sinnvoll, den gleichen internen Aufbau.

Die einheitliche Strukturierung der einzelnen Kapitel erhöht die Lesbarkeit und ermöglicht ein schnelles Auffinden der gewünschten Information.

Bei der Erstellung der Handbuchtexte erleichtert das feste Gliederungsschema ein schnelles Ein- und Zuordnen der gesammelten Unterlagen und Vorgangsbeschreibungen und verhindert Textredundanzen.

Ein erprobter Aufbau der Handbuchkapitel, die Qualitätssicherungs-Elemente beschreiben, soll im folgenden kurz vorgestellt werden.

Zweck und Ziel

Kurze Einführung zum Zweck des folgenden Kapitels, um die Notwendigkeit der dargestellten Verfahren, Abläufe und Regeln zu erläutern. Es wird erklärt, welche Ziele mit den dargestellten Vorgängen und Tätigkeiten verfolgt werden.

Anwendungsbereich

Der Anwendungsbereich ist anzugeben, wenn er nicht deckungsgleich mit dem des ganzen QS-Handbuchs des Unternehmens ist.

Zuständigkeiten

Darunter sind Verantwortung und Befugnis zu verstehen. Hier sind die Zuständigkeiten für die im Abschnitt beschriebenen Tätigkeiten anzugeben (immer die Frage: Von WEM?). Bei Mehrfachzuständigkeiten werden die Schnittstellen beschrieben.

Vorgehensweise

Beschreibung des Ablaufs, der Unterlagen, der Mittel und der Methoden. Ggf. wird für konkrete Durchführungsbestimmungen auf QS-Verfahrensanweisungen verwiesen (Teil III des QS-Handbuches).

Begriffe

Erläuterung der im Abschnitt vorkommenden Begriffe und Abkürzungen, die für das Verständnis des Textes und eine eindeutige Sprachregelung erforderlich sind. Begriffe und Abkürzungen, die sich allgemein auf QS-Verfahren beziehen, werden im Teil I des QS-Handbuches erläutert.

Dokumentation

Angabe von erforderlichen schriftlichen Nachweisen, sowie Angabe der den genannten Regeln und Verfahren zugehörigen Unterlagen. (z.B. QS-Verfahrensanweisungen, QS-Prüfanweisungen oder produktspezifische Richtlinien). Die in diesem Abschnitt genannten Unterlagen sind Inhalt des Teils III des Handbuchs.

Mitgeltende Unterlagen

Nennung der Unterlagen, die nicht direkt und allein den genannten Vorgängen zugeordnet sind, aber Einfluß nehmen oder mitverwendet werden. Die in diesem Abschnitt genannten Unterlagen sind nicht Inhalt des Teils III des Handbuchs.

C. Inhaltliche und organisatorische Merkmale

Die Darlegung eines Qualitätssicherungs-Systems erfolgt in einem Qualitätssicherungs-Handbuch auf zwei Ebenen, die sich durch Art und Detaillierungsgrad der Informationen unterscheiden.

Der Teil II des Handbuchs macht grundsätzliche Angaben zur Aufbau- und Ablauforganisation und zu den Inhalten der Qualitätssicherungselemente des Qualitätssicherungs-Systems. Er beschreibt, **WAS** Inhalt der Qualitätssicherung des Unternehmens ist.

Das **WIE** (Durchführungsbestimmungen und Ablaufbeschreibungen) ist Gegenstand vom QS-Verfahrensanweisungen und QS-Arbeitsanweisungen. Um auch auf dieser Beschreibungsebene eine einheitliche Struktur und Darstellungsform zu erreichen, sollte für das Erstellen dieser Dokumente eine schriftliche Verfahrensbeschreibung erstellt werden. Mit anderen Worten: die erste QS-Verfahrensanweisung hat in der Regel den Titel **"Erstellen von Verfahrensanweisungen"**.

Ausführungen zu den Inhalten des Teils II und der Verfahrensanweisungen können an dieser Stelle nicht gemacht werden. Zum einen sind die Inhalte abhängig von der ausgewählten Norm. Zum anderen würde eine auch nur stichwortartige Nennung der Inhalte den vorgegebenen Umfang dieses Beitrages sprengen.

Einige Anforderungen formaler Natur, denen ein Qualitätssicherungs-Handbuch zu genügen hat, sollen aber im folgenden genannt werden.

Jede Seite des Handbuchs muß mindestens folgende Angaben beinhalten:

- Den Firmennamen oder das Firmenlogo
- Den Eintrag Qualitätssicherungs-Handbuch (ggf. mit Nennung der Norm)
- Kapitel-Nummer und Titel
- Änderungsstand des Kapitel
- Laufende Seitennumerierung und Angabe der Gesamtseitenzahl des Kapitels
- Die Nennung von Ersteller und Prüfer

Einige dieser Angaben sind in Verzeichnissen aufzuführen, die entweder Teil des Handbuchs sein können oder im Sekretariat des Qualitätswesens verwaltet werden müssen:

- Verzeichnis der aktuellen Änderungsstände der einzelnen Handbuchkapitel und des gesamten Handbuchs.

  Der Änderungsstand kann entweder über Datumsangaben oder über einen Index gesteuert werden. Die korrekte Ausführung von Änderungen werden durch Unterschrift entweder im Handbuchkapitel selbst oder in diesem Verzeichnis bestätigt.

- Verzeichnis der aktuellen Änderungsstände der Verfahrens- und Arbeitsanweisungen
- Verzeichnis der Handbuchkapitel mit Nennung von Ersteller, Prüfer und Anzahl der Seiten.
- Verzeichnis zum Verteiler des Handbuchs. Der Empfang eines Handbuchs wird in dieser Liste durch Unterschrift bestätigt.
- Verzeichnis der Ausgabestände der im Handbuch zitierten Normen und Richtlinien

D. Phasen der Handbucherstellung

Die Erstellung des Qualitätssicherungs-Handbuchs wird sinnvollerweise in folgenden Schritten bearbeitet:

1. Bildung einer Arbeitsgruppe
2. Sammlung der qualitätsrelevanten Unterlagen
3. Erstellung des organisatorischen Teils
4. Erster Entwurf einer Beschreibung der Elemente des QS-Systems (Teil II des Handbuchs)
5. Durchsicht und Prüfung des Entwurfs
6. Abschließende Bearbeitung des Textes
7. Freigabe und Verteilung des Handbuchs

Die Inhalte der Arbeitsschritte werden im folgenden weiter detailliert.

1. Bildung einer Arbeitsgruppe

In der Regel ist das Handbuch ein bereichsübergreifendes Dokument mit einem unternehmensweiten Gültigkeitsbereich. Deswegen sollte es nicht von einer Person (z.B. dem Qualitätsleiter) alleine sondern immer von einem Team bearbeitet werden, das sich aus Vertretern der wichtigsten Aufgaben- und Funktionsbereiche zusammensetzt. Typisch sind hier Mitarbeiter des Vertriebes, aus Entwicklung/Konstruktion, Arbeitsvorbereitung, Einkauf, Fertigung, Qualitätswesen und Kundendienst angesprochen. Im allgemeinen wird der Leiter des Qualitätswesens dieses Team leiten und in einem ersten Treffen über die Ziele und anstehenden Aufgaben informieren. Gegenstand dieses Treffens ist auch die Abstimmung und Festlegung eines Zeit- und Aufgabenplanes.

2. Sammlung der qualitätsrelevanten Unterlagen

Die vorhandenen qualitätsrelevanten Unterlagen werden durch das Team zusammengetragen und gesichtet. Hierbei sind zuerst einmal die Fragen zu klären, ob die Unterlagen einem Kapitel des Handbuchs oder den Verfahrens- und Arbeitsanweisungen zugehörig sind und ob sie für die geplante Darstellung des Qualitätssicherungs-Systems ausreichen.

Bei der Beantwortung der Fragen ist es hilfreich und notwendig die Texte der entsprechenden Normen aus der Reihe DIN ISO 9000 ff heranzuziehen und die vorhandenen Dokumente dagegen zu prüfen. Ebenso macht es Sinn, Fragenlisten zur Systembewertung, wie sie von Zertifizierungsgesellschaften verwendet oder auch von Verbänden ausgegeben werden, für diese Beurteilung heranzuziehen.

Als Ergebnis liegt ein Verzeichnis aller benötigten Dokumente, Belege und Ablaufbeschreibungen vor, das diese nach folgenden Kategorien einteilt:

1.) Vorhanden, Übernahme ohne Änderung

2.) Vorhanden, Übernahme nach Anpassung

3.) Nicht vorhanden, Neuerstellung

An dieser Stelle sei darauf verwiesen, daß es durchaus Sinn machen kann, auch noch die Kategorie "Vorhanden aber nicht (mehr) benötigt" einzuführen. Ziel muß es sein, Transparenz und nicht Bürokratisierung zu schaffen.

3. Erstellung des organisatorischen Teils

Bevor mit der eigentlichen Beschreibung der Qualitätssicherungs-Elemente begonnen wird, empfiehlt es sich, den organistorischen Rahmen für das Handbuch und für die Lenkung der Dokumente festzuschreiben. Hiermit sind dann auch zugleich die Verantwortlichkeiten und Aufgaben innerhalb des Projekt-Teams bestimmt.

Zu den Festlegungen, die in dieser Phase der Handbucherstellung getroffen werden müssen, gehören:

- die Bestimmung der Verantwortlichkeiten für Erstellung und Prüfung der Handbuchkapitel
- die Definition der Zuständigkeiten für Erstellung, Änderung, Prüfung, Freigabe, Verteilung und Archivierung der QS-relevanten Unterlagen
- die Bestimmung der Verantwortlichkeiten für Erstellung und Prüfung der QS-Verfahrens- und QS-Arbeitsanweisungen

4. Erster Entwurf einer Beschreibung der Elemente des QS-Systems (Teil II des Handbuchs)

Kapitelweise wird nun durch die Mitarbeiter des Projekt-Teams ein erster Entwurf des Handbuchs erstellt. Besondere Beachtung gilt dabei den Anforderungen, die in der gewählten Normstufe aus der Reihe DIN ISO 9000 ff niedergelegt sind. Diese Anforderungen und die betrieblichen Gegebenheiten des Unternehmens (hier besonders die Aufbau- und Ablauforganisation) sind in dem Entwurf so miteinander zu verschränken, daß eine brauchbare, verständliche und transparente Dokumentation eines normkonformen aber unternehmensspezifischen Qualitätssicherungs-Systems entsteht. Die Team-Mitglieder müssen sich bewußt sein, daß mit einem einfachen Abschreiben der Norm oder eines vorgefertigten Muster-Handbuchs die Aufgabe nicht erfüllbar ist. Zu jedem Punkt der Norm ist kritisch zu hinterfragen, ob die Forderung für das Unternehmen relevant ist, ob sie durch den Ist-Zustand befriedigend erfüllt ist und ob ein zusätzlicher Handlungsbedarf an die Ausgestaltung des QS-Systems besteht.

In regelmäßigen Abstimmungssitzungen wird über den Fortschritt der Arbeiten berichtet und werden offene Fragen (besonders zu Schnittstellen bei bereichsübergreifenden Tätigkeiten) geklärt.

5. Durchsicht und Prüfung des Entwurfs

Mit Abschluß des ersten Entwurfs liegt nun zum ersten Mal ein Gesamtdokument des Qualitätssicherungs-Handbuchs vor. Es besteht aus den Teilen I und II und einem Verzeichnis der benötigten Anlagen des Teils III.

Jeder Mitarbeiter des Teams muß nun das Handbuch (nicht nur die von ihm erstellten Kapitel) hinsichtlich Korrektheit, Verständlichkeit, Vollständigkeit und Redundanzen prüfen. Änderungswünsche werden in einer Tabelle zusammengetragen und nach vollständiger Prüfung des Handbuchs im Team diskutiert.

6. Abschließende Bearbeitung des Textes

Die durch das Team freigegebene Änderungstabelle ist Grundlage für die abschließende Bearbeitung der Handbuchtexte durch die verantwortlichen Mitarbeiter des Teams.

Vor der Freigabe des Qualitätssicherungs-Handbuchs durch das Projekt-Team erfolgt noch einmal eine Prüfung des Textes durch alle Team-Mitglieder.

7. Freigabe und Verteilung des Handbuchs

Die abschließende Freigabe des Qualitätssicherungs-Handbuchs erfolgt durch den Leiter des Qualitätswesens und die Geschäftsführung. Sie wird durch Unterschriften bestätigt. Zusätzlich bestätigen die Verantwortlichen für Erstellung und Prüfung der Handbuchkapitel durch Unterschrift, daß das entstandene Dokument korrekt und vollständig ist.

Das Inkrafttreten und die Verteilung der Handbücher werden den Mitarbeitern des Unternehmens durch Rundschreiben, Aushang und ggf. ausführlicher Mitteilung in der Werkszeitung bekannt gemacht.

E. Herausgabe und Pflege des Handbuchs

In der Regel wird das Original des Qualitätssicherungs-Handbuchs im Archiv des Qualitätswesens aufbewahrt. Von dieser Stelle wird auch die Vervielfältigung und Verteilung des gemäß im Handbuch festgelegtem Verteilerschlüssel organisiert. Dabei sollten Vorkehrungen getroffen werden, die eine individuelle Identifizierung der Handbücher (z.B. über eine Ident-Nummer) ermöglichen und weiterhin das unerlaubte Kopieren erschweren (z.B. durch ein farbiges Firmen-Logo auf dem Geschäftspapier oder eine Farbmarkierung auf jeder Seite).

Üblicherweise werden die Exemplare des QS-Handbuchs in zwei Arten ausgegeben:

1. Exemplare, die dem Änderungsdienst unterliegen

Diese QS-Handbücher werden an die Funktionsinhaber des Unternehmens ausgegeben, die in einer Verteilerliste zu registrieren sind. Die Empfänger sind angewiesen, ihre Mitarbeiter über die Existenz des Handbuchs umgehend zu informieren und zur Anwendung zu verpflichten. Exemplare, die nicht mehr benötigt werden, müssen an die Leitung des Qualitätswesens zurückgegeben erden. Diese löscht die Funktion in der Verteilerliste.

2. Informationsexemplare, die nicht dem Änderungsdienst unterliegen

Diese QS-Handbücher werden mit dem Vermerk "zur Information" versehen und können nur für einen begrenzten Zeitraum außerhalb des Unternehmens benutzt werden. Ein solches QS-Handbuch ist mit dem Ausgabedatum gültig, es unterliegt jedoch nicht dem Änderungsdienst. Die Empfänger der Informationsexemplare des QS-Handbuchs werden vom Leiter der Qualitätssicherung in einer gesonderten Verteilerliste registriert. Die Informationsexemplare bleiben Eigentum des Unternehmens dürfen ohne Genehmigung nicht vervielfältigt oder Dritten zugänglich gemacht werden.

Auch hinsichtlich der Änderung des Qualitätssicherungs-Handbuchs sind präzise Regularien vorzusehen und innerhalb des Handbuchs schriftlich zu dokumentieren.

Änderungsanträge sind grundsätzlich an den Leiter des Qualitätswesens zu stellen. In Abhängigkeit von der Art der Änderung, wird diese mit der Geschäftsführung, dem Leiter des Qualitätswesens und dem Verantwortlichen des betroffenen Bereiches abgestimmt.

Alle Änderungen sind vor Verteilung vom Leiter des Qualitätswesens zu prüfen und gemeinsam mit der Geschäftsführung zu verabschieden. Die Genehmigung und Freigabe ist vom Leiter des Qualitätswesens durch Datum und Unterschrift in einer Revisionsstands-Tabelle zu bestätigen. Die Änderungen werden an die Inhaber aller dem Änderungsdienst unterliegenden QS-Handbücher verteilt. Die Empfänger sind angewiesen, ihre Mitarbeiter über Änderungen im Handbuch umgehend zu informieren. Steuerung und Rückverfolgbarkeit des Revisionsstandes müssen sichergestellt sein und werden z.B. über die Angabe des Datums der letzten und der aktuellen Ausgabe oder über ein Versionsnummern-System bewerkstelligt.

Zusätzlich zu den spontanen Änderungsanträgen muß das Handbuch periodisch einem jährlichen Review unterworfen werden. Es wird vom Leiter des Qualitätswesens organisiert. An diesem Review nehmen neben der Geschäftsführung und dem Leiter des Qualitätswesens auch die Leiter aller betroffenen Geschäftsbereiche teil.

F. Aufwand und Nutzen

Der Aufwand für die Erstellung eines Qualitätssicherungs-Handbuchs hängt natürlich stark von dem Entwicklungs- und Dokumentationsgrad des bereits vorhandenen Qualitätssicherungs-Systems ab. Pauschale Angaben in Form von Mann-Stunden oder DM sind somit wenig sinnvoll.

Aus Erfahrungen und dem Vergleich existierender Handbücher lassen sich trotzdem Schätzwerte ableiten, die eine Budget- bzw. Zeitplanung im Rahmen eines Projektes ermöglichen.

Dies soll beispielhaft für ein Handbuch nach DIN ISO 9001 aufgezeigt werden. Es wird davon ausgegangen, daß das Handbuch im Rahmen einer umfassenden Reorganisation des Qualitätssicherungs-Systems, die eine Zertifizierung zum Ziel hat, entsteht. Das Unternehmen sei ein mittelständischer Maschinenbaubetrieb mit

1500 Beschäftigten. Qualitätssichernde Strukturen und Abläufe sind vorhanden, jedoch traditionell gewachsen und wenig systematisiert und dokumentiert. Für die Reorganisation wurde ein Projektteam gebildet. Die Arbeiten müssen neben dem Tagesgeschäft bewältigt werden.

Das Handbuch muß die qualitätsbezogenen Verantwortlichkeiten und Abläufe sowie die Anwendung qualitätssichernder Methoden und Verfahren des Unternehmens strukturiert, umfassend und verständlich beschreiben. Diese Forderung gilt sowohl für die etablierten wie auch für die im Rahmen der Reorganisation neu zu schaffenden bzw. anzupassenden Prozeduren und Strukturen.

Aufbau und Umfang des Handbuchs sind in der folgenden Tabelle wiedergegeben.

	Abschnitt des Handbuchs	**Seiten**	**Aufwand (h)**
Teil I (Allgemeines)			
1	Inhaltsverzeichnis	1	2,5
2	Erklärung zur Qualitätspolitik	1	2,5
3	Herausgabe und Änderung des Qualitätssicherungs-Handbuchs	6	15,0
4	Gliederung der Beschreibung von QS-Elementen	2	5,0
5	Begriffserläuterungen	4	10,0
6	Änderungsstand des Handbuchs	2	5,0
Teil II (QS-Elemente)			
1	Verantwortung der obersten Leitung	9	22,5
2	QS-System	5	12,5
3	Vertragsüberprüfung	5	12,5
4	Designlenkung	5	12,5
5	Lenkung der Dokumente	3	7,5
6	Beschaffung	5	12,5
7	Vom AG beigestellte Produkte	2	5,0
8	Rückverfolgbarkeit	2	5,0
9	Prozeßlenkung	4	10,0
10	Prüfungen	7	17,5
11	Prüfmittel	7	17,5
12	Prüfstatus	4	10,0
13	Lenkung fehlerhafter Produkte	7	17,5
14	Korrekturmaßmahnen	3	7,5
15	Handling	3	7,5
16	Qualitätsaufzeichnungen	3	7,5
17	Interne Audits	4	10,0
18	Schulung	3	7,5
19	Kundendienst	3	7,5
20	Statistische Methoden	4	10,0
Teil III (Anhänge)			
1	Gliederung	2	5,0
2	QSV, QSA und mitgeltende Unterlagen	0	0,0
	Gesamt	**106**	**265,0**

Bei den genannten Seitenzahlen handelt es sich um Erfahrungswerte. Sie beziehen sich auf ein übliches Druckformat (1,5 zeilig, Schrifttype Courier (12-Punkt) oder Vergleichbare, DIN A 4). Es wird davon ausgegangen, daß für die Erstellung eines Textes vom Umfang einer DIN A 4 Seite (abgestimmt mit allen Betroffenen, freigegeben durch Geschäftsführung und Qualitätswesen, sowie redaktionell auf ein druckfertiges Ausgabeformat gebracht) 2,5 Mannstunden aufgewendet werden müssen.Analog läßt sich der Aufwand für Verfahrens- und Arbeitsanweisungen bestimmen. Je nach Unternehmensgröße, Branchenzugehörigkeit und Komplexität des Qualitätssicherungs-Systems referenziert das Handbuch auf 20 bis 50 QS-Verfahrensanweisungen.

Eine zeitlich beschränkte Entlastung der eigenen Mitarbeiter läßt sich durch die Fremdvergabe der Handbucherstellung erreichen. Die Aufgaben des Projekt-Teams reduzieren sich dabei auf das Beibringen der benötigten Unterlagen und Informationen und das Prüfen der vorgelegten Textentwürfe. Ein guter Berater wird dabei darauf hinarbeiten, daß seine Tätigkeit als "Hilfe zur Selbsthilfe" verstanden wird. Seine Erfahrungen müssen einerseits den Vorgang der Handbucherstellung beschleunigen, andererseits im Verlauf der Arbeiten auf die Mitarbeiter des Unternehmens für die weitere Pflege des Handbuchs und Qualitätssicherungs-Systems übertragen werden.

Ein derartiger Aufwand darf nicht allein betrieben werden, um bei der Zertifizierung oder Auditierung ein gefordertes Dokument vorlegen zu können. Bei der Erstellung und Ausformulierung des Handbuchs muß immer auch der beabsichtigte interne Nutzen berücksichtigt werden.

Dieser Nutzen wird durch folgende Punkte charakterisiert:

Die Einarbeitung und Einweisung von neuen oder versetzten Mitarbeitern wird vereinfacht und beschleunigt.

Bei Haftungsfällen ist die Wahrnehmung der unternehmerischen Sorgfaltspflicht leichter nachweisbar.

Die QS-Führungs- und Ablaufelemente sind übersichtlich und transparent im Rahmen des Gesamtsystems dargestellt.

Die Bearbeitung bereichsübergreifender Aufgaben in Teams wird durch geklärte und dokumentierte Zuständigkeiten beschleunigt.

Literatur zum Thema

N.N. **DGQ 12-62 Qualitätssicherungs-Handbuch und - Verfahrensanweisungen**
2. Auflage, Berlin, Beuth, 1991, 107 Seiten

N.N. **DIN ISO 9000 - Qualitätsmanagement- und Qualitätssicherungsnormen; Leitfaden zur Auswahl und Anwendung**
Berlin, Beuth Verlag GmbH, 1990

N.N. **DIN ISO 9001 - Qualitätssicherungssysteme; Modell zur Darlegung der Qualitätssicherung in Design/Entwicklung, Produktion, Montage und Kundendienst**
Berlin, Beuth Verlag GmbH, 1990

N.N. **DIN ISO 9002 - Qualitätssicherungssysteme; Modell zur Darlegung der Qualitätssicherung in Produktion und Montage**
Berlin, Beuth Verlag GmbH, 1990

N.N. **DIN ISO 9003 - Qualitätssicherungssysteme; Modell zur Darlegung der Qualitätssicherung bei der Endprüfung**
Berlin, Beuth Verlag GmbH, 1990

N.N. **DIN ISO 9004 - Qualitätsmanagement und Elemente eines Qualitätssicherungssystems; Leitfaden**
Berlin, Beuth Verlag GmbH, 1990

N.N. **DIN ISO 9000 T3 - Qualitätsmanagement- und Qualitätssicherungsnormen; Leitfaden für die Anwendung von ISO 9001 auf die Entwicklung, Lieferung und Wartung von Software**
Berlin, Beuth Verlag GmbH, 1992

N.N. **DIN ISO 9004 T2 - Qualitätsmanagement- und Elemente eines Qualitätssicherungssystems; Leitfaden für Dienstleistungen**
Berlin, Beuth Verlag GmbH, 1992

N.N. **DIN ISO 8402 (E) - Qualitätsmanagement und Qualitätssicherung; Begriffe**
Berlin, Beuth Verlag GmbH, 1992

N.N. **Qualitätssicherungs-Systemaudit**
Frankfurt/Main, Verband der Automobilindustrie e.V. (VDA), 1991, 76 Seiten

Schwenke, R. **Qualitätssicherungs-Handbuch**
Frankfurt/Main, Maschinenbau-Verlag, 1988, 96 Seiten

Muster-Kapitel

Teil I: Organisation des QS-Handbuchs

Teil II: QS-Elemente

Teil I: Organisation des QS-Handbuchs

1 Inhaltsverzeichnis des Qualitätssicherungs-Handbuchs

Teil I: Organisation des Handbuchs

- I/1 Inhaltsverzeichnis des Qualitätssicherungs-Handbuchs
- I/2 Erklärung zur Qualitätspolitik, Unternehmensportrait
- I/3 Gültigkeitsbereich des Handbuchs
- I/4 Herausgabe und Änderung des Qualitätssicherungs-Handbuchs
- I/5 Aufbau des Qualitätssicherungs-Handbuchs
- I/6 Verzeichnis der Änderungsstände der Elemente des Qualitätssicherungs-Handbuchs
- I/7 Verzeichnis der verwendeten Begriffe und Abkürzungen (Glossar)

Teil II: QS-Elemente

- II/1 Verantwortung der obersten Leitung
- II/2 Qualitätssicherungs-System
- II/3 Vertragsüberprüfung
- II/4 Designlenkung
- II/5 Lenkung der Dokumente
- II/6 Beschaffung
- II/7 Vom Auftraggeber beigestellte Produkte
- II/8 Identifikation und Rückverfolgbarkeit von Produkten
- II/9 Prozeßlenkung
- II/10 Prüfungen
- II/11 Prüfmittel
- II/12 Prüfstatus
- II/13 Lenkung fehlerhafter Produkte
- II/14 Korrekturmaßnahmen
- II/15 Handhabung, Lagerung, Verpackung und Versand
- II/16 Qualitätsaufzeichnungen
- II/17 Interne Qualitätsaudits
- II/18 Schulung
- II/19 Kundendienst
- II/20 Statistische Verfahren

Teil III: Anhang

- III/1 Referenzierte unternehmensexterne QS-Dokumente, die nicht dem Änderungsdienst unterliegen
- III/2 Gültige unternehmensinterne QS-Dokumente, die dem Änderungsdienst unterliegen
  - III/2.1 QS-Verfahrensanweisungen
  - III/2.2 QS-Arbeitsanweisungen
  - III/2.3 QS-Formulare, -Vordrucke u.ä.

2 Erklärung zur Qualitätspolitik

Textbeispiel 1 "Stanzteilehersteller / Großserie"

Die Firma .... am Standort .... entwickelt, konstruiert, fertigt und montiert XX-Teile und XX-Produkte. Entsprechend dem Leitbild unseres Unternehmens ist der Markterfolg unserer Produkte und Dienstleistungen eng mit ihrer Qualität verbunden und leistet damit Wesentliches zur Vertrauensbildung bei unseren Kunden.

Um dieser Verpflichtung, d.h. Stärkung unseres Rufes und Erfolgs nachzukommen, definiert die Unternehmensleitung im hiermit vorliegenden Qualitätssicherungshandbuch (kurz QSH) ihre Qualitätspolitik und legt sie offen.

Das Qualitätssicherungshandbuch ist dabei als ein Mittel zu verstehen, mit dem gewährleistet werden soll, daß die von uns gelieferten Produkte und Dienstleistungen den von unseren Kunden und uns gestellten Anforderungen hinsichtlich Qualität, Zuverlässigkeit und terminlicher Abwicklung entsprechen.

In Übereinstimmung mit der DIN 55350 T 11 beschreibt die Qualitätspolitik unsere grundlegenden Absichten und Zielsetzungen zur Qualität, wie sie von unserer Unternehmensleitung formell erklärt werden. Sie wird somit zu einem Element der Gesamtpolitik unseres Hauses.

Alle Abteilungen unseres Unternehmens sind beauftragt daran mitzuwirken, daß die für die Umsetzung der Qualitätspolitik notwendigen QS-Verfahrensanweisungen erstellt und weiterentwickelt werden und diese zur Anwendung kommen.

Die Beteiligung und Wachsamkeit aller Mitarbeiter und ihre Verpflichtung zur aktiven Mitarbeit ist notwendig, um nur einwandfreie Produkte zu erzeugen und alle diesbezüglich hinderlichen Umstände in der Organisation, bei den Maschinen oder Werkzeugen etc. zu vermeiden.

Dabei kommt der Unternehmensleitung die Verantwortung für das Qualitätsmanagement zu. Sie verantwortet die Festlegung der Qualitätspolitik und stellt sicher, daß diese in allen Ebenen verstanden, eingeführt und beachtet wird. In diesem Zusammenhang legt die Unternehmensleitung die Verantwortungen und Befugnisse der Mitarbeiter, die qualitätsrelevante Arbeiten ausführen, fest und stellt angemessene Mittel und Personal zur Verfügung.

Die Geschäftsführung der Firma .... entspricht hiermit ihrem Verständnis zur Organisations- und Aufsichtspflicht im Unternehmen und unterstreicht ihr Qualitätsbewußtsein. Sie genehmigt das in diesem Handbuch beschriebene Qualitätssicherungssystem (kurz QSS) und verpflichtet sich dafür zu sorgen, daß dieses bei der Abwicklung der Aufträge befolgt wird.

Textbeispiel 2 "Anlagenbauer / Einzelfertigung"

Die weltweiten Qualitätsbemühungen der letzten beiden Jahrzehnte sind von einem deutlichen Sinneswandel vom "Kontrollieren" zum "Fehlerverhüten" geprägt. Man hat gelernt, daß auch hier Vorbeugen besser ist als Heilen.

Die Anwendung präventiver Qualitätsmaßnahmen bereits im planerischen Bereich der Produktion hat die gewollte Folge, daß Qualität gleichsam mit dem Produkt als eine seiner Eigenschaften entsteht.

Die Umsetzung dieser Strategie in ein praxisgerechtes System ist Aufgabe eines jeden interessierten Unternehmens. Da einzelne Unternehmen durch ihren Markt, ihre Erzeugnisse, die gewachsenen organisatorischen Abläufe sowie durch ihre unternehmerischen Ziele und auch durch ihre Größe eine individuelle Prägung besitzen, ist eine starre Normung für Qualitätsmaßnahmen nicht anwendbar.

Mit der DIN ISO 9000 - 9004 ist es den national und international tätigen Normungsgremien aber gelungen, Modelle zur Darlegung der Qualitätssicherung zu erarbeiten, die weltweit Zustimmung besitzen.

Diese Entwicklung haben wir als sinnvoll erkannt. Natürlich haben wir als marktmitbestimmendes Unternehmen unserer Branche von jeher großen Wert auf die Qualität unserer Erzeugnisse gelegt und durch ein firmeninternes QS-System sichergestellt.

Durch die Erweiterung dieses Systems im Sinne der DIN ISO 9000-9004 und durch dessen gezielte Anwendung im gesamten Unternehmen können wir heute gewährleisten, daß alle organisatorischen, kaufmännischen und technischen Tätigkeiten mit Auswirkung auf die Produktqualität

- geplant, gesteuert und überwacht

werden. Hiermit stellen wir nicht nur die geforderte Produktqualität sicher, sondern auch eine kontinuierliche Qualitätsverbesserung unserer Produkte in der Zukunft.

Ein auf allen Ebenen praktiziertes Qualitätsverhalten nach diesem vorliegenden Handbuch wird uns auch künftig die erwünschten Marktanteile und den wirtschaftlichen Erfolg sichern. Es wird darüberhinaus eine wichtige Hilfe bei der Erfüllung von Anforderungen des EG-Binnenmarktes sein.

2.1 Unternehmensportrait

"Wir über uns ..." (Firmendarstellung)

3 Anwendungs- und Gültigkeitsbereich des Qualitätssicherungs-Handbuchs

Dieses Qualitätssicherungs-Handbuch beschreibt das Qualitätssicherungs-System der .... und seine Qualitätssicherungselemente nach DIN ISO 9001 bzw. EN 29 001. Es beinhaltet u.a. Festlegungungen und Regelungen zu Führungsaufgaben, zum Informationsaustausch für den Aufbau, Erhalt und Ausbau von Qualitätsregelkreisen, zum organisatorischen Aufbau des Qualitätssicherungssystem und zum Ablauf qualitätssichernder Maßnahmen.

Das Qualitätssicherungs-Handbuch gilt für ....(alle Unternehmensbereiche/nur Bereich XX)

4 Herausgabe und Änderung des Qualitätssicherungs-Handbuchs

4.1 Zielsetzung

Das Qualitätssicherungshandbuch (kurz QSH oder QS-Handbuch) enthält die Beschreibungen der Führungsaufgaben des Qualitätssicherungssystems (kurz QSS oder QS-System) und seiner Qualitätssicherungselemente (kurz QSE oder QS-Element). Es legt die Zuständigkeiten und die Abläufe im Hinblick auf die Qualitätssicherungsaktivitäten fest. Dieses Kapitel beschreibt den Aufbau, die Verteilung und die Vorgehensweise bei Änderungen des QS-Handbuchs.

Die Verantwortlichkeiten und Tätigkeiten im Rahmen der Erstellung, Änderung, Prüfung, Revision und Verteilung der QS-Handbuchs des Unternehmens sind eindeutig festgelegt, den betroffenen Produktbereichen bekannt und für diese verbindlich.

Alle Mitarbeiter des Unternehmens und ausgewählte Kunden sollen bezüglich des Qualitätssicherungs-Systems über einen gleichen und aktuellen Informationsstand verfügen. Irrtümer aufgrund nicht mehr gültiger Informationen und Vorgaben sollen damit ausgeschlossen werden.

4.2 Anwendungsbereich

Die hier getroffenen Regelungen zum Umgang mit dem Qualitätssicherungshandbuch sind für das gesamte Unternehmen verbindlich.

4.3 Verantwortlichkeiten

Die Verantwortlichkeiten für die Erstellung, Änderung und Prüfung der einzelnen Kapitel dieses Handbuchs sind in der folgenden Tabelle festgelegt.

Abschnitt des Handbuchs		Ersteller	Prüfer
Teil I - Übergeordnetes Dokument zum Gebrauch des Handbuchs			
I/1	Inhaltsverzeichnis des QSH		
I/2	Erklärung zur Qualitätspolitik, Unternehmens-portrait		
I/3	Anwendungs- und Gültigkeitsbereich des QSH		
I/4	Herausgabe und Änderung des QSH		
I/5	Aufbau des QSH		
I/6	Änderungsstände der QSH-Elemente		
I/7	Begriffe und Abkürzungen (Glossar)		
Teil II - Darlegung der Qualitätssicherungselemente			
II/1	Verantwortung der obersten Leitung		
II/2	Qualitätssicherungs-System		
II/3	Vertragsüberprüfung		
II/4	Designlenkung		
II/5	Lenkung der Dokumente		
II/6	Beschaffung		
II/7	Vom Auftraggeber beigestellte Produkte		
II/8	Identifikation und Rückverfolgbarkeit von Produkten		
II/9	Prozeßlenkung		
II/10	Prüfungen		
II/11	Prüfmittel		
II/12	Prüfstatus		
II/13	Lenkung fehlerhafter Produkte		
II/14	Korrekturmaßnahmen		

Abschnitt des Handbuchs		Ersteller	Prüfer
II/15	Handhabung, Lagerung, Verpackung und Versand		
II/16	Qualitätsaufzeichnungen		
II/17	Interne Qualitätsaudits		
II/18	Schulung		
II/19	Kundendienst		
II/20	Statistische Verfahren		
Teil III - Anhang			
III/1	Zitierte Dokumente, die nicht Bestandteil des Handbuchs sind: Unternehmensexterne Dokumente		
III/2	Übersicht der Dokumente, die Bestandteil des Handbuchs sind: Gültige unternehmensinterne Dokumente		
III/2.1	QS-Verfahrensanweisungen		
III/2.2	QS-Arbeitsanweisungen		
III/2.3	QS-Formulare, -Vordrucke etc.		

4.4 Vorgehensweise

4.4.1 Erstellung und Aufbau des Handbuchs

Für die Erstellung und Änderung der Elemente des Handbuchs ist die oberste Leitung verantwortlich. Die dazu notwendigen Tätigkeiten können von der obersten Leitung delegiert werden. Die Verantwortung verbleibt jedoch auch für delegierte Tätigkeiten immer bei der obersten Leitung.

Für jedes Kapitel in Teil II des QS-Handbuchs ist die unten dargestellte und erläuterte Gliederungsstruktur obligatorisch. Für die anderen Teile des QS-Handbuchs ist die Anwendung dieser Gliederungsstruktur freigestellt.

Das QS-Handbuch des Unternehmens erscheint als Lose-Blatt-Sammlung. Einzelne Kapitel können im Rahmen des Änderungsdienstes ausgetauscht werden. Die Seiten werden innerhalb eines Kapitels fortlaufend numeriert. Die Anzahl der Kapitelseiten wie auch der aktuelle Ausgabestand ist in der Revisionsstand-Tabelle dieses Kapitels angegeben.

Die Zuordnung der geltenden Verfahrensanweisungen zu den entsprechenden Kapiteln in Teil II geschieht über einen alphanumerischen Schlüssel. Der Buchstabenteil diesen Schlüssels besteht aus dem Kürzel QSV (für **Q**ualitätssicherungs-**V**erfahrensanweisung). Der numerische Teil des Schlüssels setzt sich aus der Nummer des referenzierenden Kapitels (Kapitelnummer) und einer für jedes Kapitel separat laufenden Nummerierung (Laufnummer) zusammen.

Beispiel: Identifizierung von QS-Verfahrensanweisungen				
Kapitelnummer:		05		
Laufnummer der QSV für dieses Kapitel:		⇓	01 ⇓	
QSV-Identifizierung:	QSV	05	01	⇒ QSV 0501

Der verwendete Schlüssel ist in der Verfahrensanweisung

QSV 05nn Erstellung von Qualitätssicherungs-Verfahrensanweisungen

ausführlich erläutert.

Die Kennzeichnung von QS-Arbeitsanweisungen, die im Regelfall als Detaillierungen von Verfahrensanweisungen diesen direkt zugeordnet sind, ist ähnlich. Der numerische Schlüsselteil für QS-Arbeitsanweisungen ist jedoch zweiteilig. Der erste Teil des numerischen Schlüssels ist identisch zu den Verfahrensanweisungen und erlaubt damit eine Referenzierung. Der zweite Teil des numerischen Schlüssels wird durch einen Dezimalpunkt von dem ersten (Referenzierungs-)Teil getrennt und enthält die laufende Nummer der Arbeitsanweisung zu der entsprechenden Verfahrensanweisung. Der Buchstabenteil der QS-Arbeitsanweisungen lautet QSA (für **Q**ualitäts**s**icherungs-**A**rbeitsanweisung).

Wenn die Arbeitsanweisung keiner Verfahrensanweisung direkt zugeordnet werden kann oder soll, so wird die QSV-Laufnummer durch die Ziffernfolge "00" ersetzt.

Beispiel: Identifizierung von QS Arbeitsanweisungen	
Identifizierung:	Titel:
QSV 0501	*Erstellung, Änderung, Freigabe und Archivierung von technischen Dokumenten (erste Verfahrensanweisung in Kapitel 5)*
QS**A** 0501.03	Erstellen von Versanddokumenten (dritte Arbeitsanweisung, die der QSV 0501 direkt zugeordnet ist)
QS**A** 05**00**.01	Erstellen von Versanddokumenten (erste Arbeitsanweisung in Kapitel 5, die keiner QSV direkt zugeordnet ist - QSV-Laufnummer durch Ziffernfolge "00" ersetzt!)

4.4.2 Ausgabe des Handbuchs

Alle Exemplare dieses QS-Handbuches werden ausgegeben von:

Firma

(evtl. Ansprechpartner)

Abteilung

Adresse

(evtl. Telefonnr.)

Die Exemplare des QS-Handbuchs werden auf folgende zwei Arten ausgegeben:

4.4.2.1 Exemplare, die dem Änderungsdienst unterliegen

Diese QS-Handbücher werden gemäß der Verteilerliste dieses Kapitels ausgegeben. Die Empfänger sind angewiesen, ihre Mitarbeiter über die Existenz des Handbuchs umgehend zu informieren und zur Anwendung zu verpflichten. Exemplare, die nicht mehr benötigt werden, müssen an das Qualitätswesen zurückgegeben werden. Das Qualitätswesen löscht dann den entsprechenden Eintrag der Verteilerliste.

Die einzelnen Exemplare des Handbuches sind fortlaufend numeriert und damit eindeutig identifizierbar.

4.4.2.2 Informationsexemplare, die nicht dem Änderungsdienst unterliegen

Diese QS-Handbücher tragen den Vermerk "Zur Information" und können nur für einen begrenzten Zeitraum außerhalb des Unternehmens benutzt werden. Ein solches QS-Handbuch ist mit dem Ausgabedatum gültig, es unterliegt jedoch nicht dem Änderungsdienst. Die Empfänger der Informationsexemplare des QS-Handbuchs werden vom Qualitätswesen in einer gesonderten Verteilerliste registriert. Die Informationsexemplare bleiben Eigentum des Unternehmens und dürfen nicht ohne Genehmigung vervielfältigt oder Dritten zugänglich gemacht werden.

4.4.3 Änderung des Handbuchs

Änderungsanträge werden an das Qualitätswesen gestellt. Alle Änderungen werden vom Qualitätswesen geprüft und gemeinsam mit der obersten Leitung verabschiedet.

Die Genehmigung und Freigabe der realisierten Änderungen wird durch einen Bevollmächtigten des Qualitätswesens durch Datum und Unterschrift im Verzeichnis der Änderungsstände bestätigt. Alle obsoleten d.h. veralteten/überholten Versionen der Teildokumente werden zu Dokumentationszwecken vom Qualitätswesen archiviert.

Die neuen geänderten Teildokumente des QS-Handbuches werden zusammen mit einer aktuellen Version des Verzeichnisses der Änderungsstände (Revisionsstandtabelle) gemäß der Verteilerliste ausgegeben. Die Empfänger tauschen die obsoleten Teile des QS-Handbuches gegen die entsprechenden neuen Teildokumente aus, die obsoleten Teile werden vernichtet. Die Empfänger sind angewiesen, ihre Mitarbeiter über Änderungen im Handbuch umgehend zu informieren. Steuerung und Rückverfolgbarkeit des Revisionsstandes werden über die Versionsnummer des Handbuchs und der einzelnen Handbuchkapitel sichergestellt.

Wesentliche Änderungen führen zu einer Neuausgabe des QS-Handbuchs, das die vorhergehende Ausgabe ersetzt.

Jedes Handbuch des Unternehmens erhält auf dem Deckblatt eine Versionsnummer. Diese besteht aus zwei Ziffernfolgen, die durch einen Dezimalpunkt getrennt sind. Beide Ziffernfolgen sind Zähler, die in der Schrittweite "1" hochgezählt werden.

Der Zähler nach dem Dezimalpunkt wird bei jeder Änderung eines Handbuchkapitels hochgesetzt. Der Zähler vor dem Dezimalpunkt wird hochgesetzt, wenn im Anschluß an das jährliche Review des Handbuchs eine komplette Neuausgabe, verbunden mit einem Austausch aller Handbücher, die dem Änderungsdienst unterliegen, vorgenommen wird. Dieser Fall tritt ein, wenn z.B. innerhalb eines Jahres eine größere Anzahl Änderungen erfolgte, oder Handbücher mit unterschiedlichen Änderungsständen und Versionsnummern aufgefunden wurden.

Das Qualitätssicherungssystem wird periodisch auf Wirksamkeit und Aktualität überprüft und ggf. geänderten Gegebenheiten angepaßt. Im Falle einer notwendigen Anpassung wird auch eine Überarbeitung oder Revision des Handbuchs fällig.

Unabhängig vom Review des Qualitätssicherungssystems wird durch das Qualitätswesen ein periodisches Review des Handbuches durchgeführt. Das Handbuch-Review findet mindestens einmal jährlich statt. Es wird vom Leiter des Qualitätswesens organisiert. An diesem Review nehmen neben der obersten Leitung und den Mitarbeitern des Qualitätswesen bzw. der Qualitätssicherung mindestens auch alle Mitarbeiter in leitender Position betroffener Bereiche teil.

Wird ein QS-Handbuch oder Teile davon im Rahmen einer Akquisition oder als Bestandteil eines Vertrages außer Haus gegeben, so ist dies auf den entsprechenden Unterlagen eindeutig zu vermerken und vom Qualitätswesen zu erfassen. Im Falle eines Vertragsbestandteils eines Kundenauftrags wird die Herausgabe des QS-Handbuchs vom Verkauf erfaßt, auf dem Werkstattauftrag vermerkt und an das Qualitätswesen gemeldet.

4.4.4 Verteilung der Handbücher

Die Änderungen der QS-Handbücher, die dem Änderungsdienst unterliegen, werden personenbezogen nach der folgenden aktuellen Verteilerliste ausgegeben:

Bereich	Name
GL	
QS	
VK	
AV	
EK	

Die Handbücher werden nur als Komplett-Ausgabe und gegen Empfangsbestätigung verteilt.

4.5 Dokumentation

QSV 05nn Erstellung von Qualitätssicherungs-Verfahrensanweisungen

4.5.1 Referenzen

Dokument	Aus-gabe	Titel
ISO 9001	05.90	Qualitätssicherungssysteme; Modell zur Darlegung der Qualitätssicherung in Design/Entwicklung, Produktion, Montage und Kundendienst
ISO 9004	05.90	Qualitätsmanagement und Elemente eines Qualitätssicherungssystems; Leitfaden

5 Aufbau des Qualitätssicherungs-Handbuchs

5.1 Zielsetzung

Um den Aufbau des QS-Handbuches des Unternehmens einheitlich und einfach zu gestalten, wurde die Struktur der Norm DIN ISO 9001 für den Aufbau des Inhaltsverzeichnisses übernommen. Ebenso wurde für die Aufteilung der einzelnen Kapitel in Abschnitte so weit wie sinnvoll die unter "Gliederung der Kapitel" dargestellte feste Abfolge verwendet.

5.2 Hauptteile des Handbuchs

Das Handbuch besteht aus drei Teilen:

Teil I macht Angaben zur Organisation, zum Gebrauch, zur Herausgabe und zur Pflege des QS-Handbuchs

Teil II enthält die Ausführungen zu den Qualitätssicherungs-Elementen 4.1 bis 4.20 der Norm DIN ISO 9001 bzw. EN 29 001 sowie Ausführungen zu den Themen "Qualitätskosten" und "Umwelt"

Teil III enthält die Anlagen (Verfahrensanweisungen, Arbeitsanweisungen, Belege, Formblätter, mitgeltende Dokumente, Auflistung der zitierten Normen und Richtlinien)

Unternehmensspezifische Begriffe, d.h. nicht selbsterklärende Fachausdrücke sowie Abkürzungen werden in Teil I unter Kapitel 7 - "Verzeichnis der verwendeten Begriffe und Abkürzungen" erläutert (Glossar). Dies dient dem besseren Verständnis des QS-Handbuchs und der Förderung eines einheitlichen Sprachgebrauchs innerhalb des Unternehmens. Die Liste der Definitionen entsteht im Verlauf der Handbucherstellung. Für Definitionen der Qualitätssicherung sollten die Normen der Reihe DIN ISO 9000 und DIN ISO 8402 (inkl. Ergänzungen) verbindlich sein.

5.2.1 Gliederung der Kapitel

Jedes Kapitel erhält auf der ersten Seite eine Inhaltsangabe mit Revisionsstand. Jedes Kapitel wird in sechs Unterkapitel gegliedert:

Nr.	**Titel des Unterkapitels**
II/x.1	**Zielsetzung**
II/x.2	**Anwendungsbereich**
II/x.3	**Verantwortlichkeitsmatrix**
II/x.4	**Beschreibung der angewandten Methoden und Verfahren**
II/x.5	**Dokumentation**
II/x.5.1	Referenzen

5.2.1.1 Erläuterungen zu den Inhalten der Unterkapitel

II/x.1 Zielsetzung

Eine klare Darlegung der gesteckten Ziele (was soll erreicht werden?) und eine kurze Beschreibung der Beweggründe (woher stammt die Motivation für die Verwirklichung der dargelegten Ziele).

II/x.2 Anwendungsbereich

Randbedingungen der oben formulierten Zielsetzungen. Der Anwendungsbereich ist anzugeben, wenn er nicht deckungsgleich mit dem des ganzen QS-Handbuchs des Unternehmens ist.

II/x.3 Verantwortlichkeit

In diesem Unterkapitel werden die Verantwortungen, Befugnisse und Pflichten für die in diesem Kapitel beschriebenen Tätigkeiten festgelegt (immer die Frage: Von WEM?).

Die Darstellung erfolgt standardisiert in Form einer Funktions-Verantwortungs-Matrix unter Verwendung der unten beschriebenen Hierarchiestufen. Die Darstellungsform einer Matrix erlaubt auf einfache Weise eine Übersicht über die Art und Weise, in der Elemente eines Unternehmens an der Ausführung von Funktionen und Tätigkeiten beteiligt sind. Darüberhinaus gibt die Funktions-Verantwortungs-Matrix die Zusammensetzung der Entscheidungsgremien für die beschriebenen Tätigkeiten wieder. Dies dient der Entschärfung der oft zitierten "Schnittstellen-Problematik".

Die Funktions-Verantwortungs-Matrix ist anwendbar bei allen Aufgaben, die eine Bearbeitung durch verschiedene Stellen erfordern.

Von der Struktur her ist sie eine Tabelle mit Zeilen und Spalten. Die Zeilen entsprechen den auszuführenden Funktionen, Tätigkeiten oder Aufgaben. Die Spalten enthalten die Bezeichnungen der Bereiche, die in die Bearbeitung eingebunden sind (Unternehmensbereiche, Funktionsbereiche, Abteilungen, Arbeitsgruppen, etc.).

An den Kreuzungspunkten der Zeilen und Spalten wird die Verantwortlichkeit bzw. Beteiligung durch die folgenden Buchstabenschlüssel markiert:

Kürzel der Hierarchie-Stufe	**Befugnisse, Verpflichtungen, etc. für die Elemente dieser Hierarchiestufe**
V (Verantwortung)	Bezeichnet die Gesamtverantwortung für die Ausführung der Funktion/Aufgabe. "V" kann pro Zeile nur einmal vergeben werden!
E (Entscheidung)	Bezeichnet die Entscheidungsträger für eine Tätigkeit/-Funktion/Aufgabe (z.B. Sperren oder Freigeben eines Loses im Wareneingang). Alle mit "E" bezeichneten Elemente des Unternehmens bilden zusammen das Entscheidungsgremium.
D (Durchführung)	Bezeichnet die Verantwortung bzw. Zuständigkeit für die Durchführung der Tätigkeit/Funktion/Aufgabe. In der Regel ist diese eine an eine Entscheidung oder Weisung eines übergeordneten Gremiums gebunden.
M (Mitwirkung)	Bereiche, denen ein "M" zugeordnet ist, sind an der Ausführung der Tätigkeit/Funktion/Aufgabe beteiligt. Alle mitwirkenden Organisationseinheiten müssen an den aufgeführten Entscheidungsprozessen ihr Mitspracherecht wahrnehmen, d.h. "M" bezeichnet eine Mitwirkungspflicht!
Z (Zustimmung)	Bereiche, denen ein "Z" zugeordnet ist, müssen die Ergebnisse oder Resultate betreffend die Tätigkeit/ Funktion/-Aufgabe formell freigeben (z.B. durch Unterschrift auf einem Dokument). Sie sind zur Freigabe, nicht jedoch zur Mitarbeit verpflichtet. Alle zustimmenden Elemente haben Veto-Recht, sie fungieren als letzte Korrektur-Instanz.
I (Information)	Bereiche, denen ein "I" zugeordnet ist, müssen über die Ergebnisse oder Resultate der Tätigkeit/Funktion/ Aufgabe informiert werden. Sie sind weder zur Mitarbeit noch zur Freigabe verpflichtet, benötigen die Ergebnisse aber zur Durchführung ihrer eigenen Arbeiten.

II/x.4 Beschreibung der angewandten Verfahren

Beschreibung des Ablaufs, der Unterlagen, der Mittel und der Methoden. Ggf. wird für konkrete Durchführungsbestimmungen auf QS-Verfahrensanweisungen verwiesen (in Teil III des QS-Handbuches). Als Einstieg evtl. eine Übersicht in Form einer Tabelle:

Anwendungsbereich	Verfahren

Statistische Verfahren sollten generell nur erwähnt werden. Hier ist auf das entsprechende Kapitel 20 - "Statistische Methoden" - zu verweisen.

Ähnliches gilt für Verfahren und Methoden, die ausführlich im Rahmen der Kapitel 9 - "Prozeßlenkung" - und Kapitel 14 - "Korrekturmaßnahmen" - dargestellt werden.

II/x.5 Dokumentation

- ❑ Gültige schriftliche Anweisungen zu Prozessen, Verfahren, Arbeiten und Prüfungen
- ❑ die dabei zu benutzenden Formblätter, Formulare, Vordrucke

Die genannten Unterlagen sind Bestandteil des Qualitätssicherungssystems und unterliegen damit dem Änderungsdienst bzw. der Pflicht zur Pflege. Sie sind im Anhang einmal als Leerblatt und einmal beispielhaft ausgefüllt aufzuführen.

Angabe von erforderlichen schriftlichen Nachweisen, sowie Angabe der den genannten Regeln und Verfahren zugehörigen Unterlagen. (z.B. QS-Verfahrensanweisungen, QS-Prüfanweisungen oder produktspezifische Richtlinien). Die in diesem Abschnitt genannten Unterlagen sind Inhalt des Teils III dieses Handbuchs.

II/x.5.1 Referenzen

Weiterführende Literatur wie z.B. Normenwerke oder Fachliteratur, die aufgrund ihrer "externen" Natur nicht dem Änderungsdienst oder einer Pflegepflicht unterliegen kann.

Nennung der Unterlagen, die nicht direkt und allein den genannten Vorgängen zugeordnet sind, aber Einfluß nehmen oder mitverwendet werden. Die in diesem Abschnitt genannten Unterlagen sind nicht Inhalt des Teils III dieses Handbuchs.

6 Verzeichnis der Änderungsstände der Elemente des Qualitätssicherungs- Handbuchs

Die Steuerung des Änderungsstandes ist noch nicht festgelegt. Mögliche Alternativen sind Datums- oder Index-Steuerung, auch Mischformen sind denkbar (z.B. laufende Nummer der Änderung, d.h. Versionsnr. plus Ausgabedatum).

7 Verzeichnis der verwendeten Begriffe und Abkürzungen (Glossar)

Dieses Verzeichnis entsteht im Laufe der Erstellung des QS-Handbuchs und sollte sich weitestgehend an die DIN ISO 8402 anlehnen!

Teil II: QS-Elemente

1 Verantwortung der obersten Leitung

1.1 Zielsetzung

Mit der Grundsatzerklärung des Vorstandes wird das Programm der Qualitätspolitik des Unternehmens festgelegt. Gleichzeitig wird damit die Verpflichtung der obersten Leitung dokumentiert, über die Verwirklichung ihrer Qualitätspolitik zu wachen.

Die Qualitätsgrundsätze sollen jedem Mitarbeiter als Leitfaden dienen und die Grundlage für ein allgemeines Qualitätsverständnis bilden.

1.2 Anwendungsbereich

Die Regelungen gelten für das gesamte Unternehmen und alle Mitarbeiter.

1.3 Verantwortlichkeitsmatrix

1.4 Beschreibung der angewandten Methoden und Verfahren

1.4.1 Qualitätspolitik

Die Geschäftsleitung der [...] genehmigt hiermit das Qualitätssicherungshandbuch und setzt es in Kraft.

(Name) (Ort), den (Datum)

Die Grundsatzerklärung und die Qualitätsgrundsätze sowie weitere wichtige Festlegungen zur Qualitätssicherung werden den Mitarbeitern durch Aushang und Veröffentlichung in der Hauszeitschrift oder auf andere angemessene Art und Weise bekanntgegeben.

1.4.1.1 Grundsatzerklärung der obersten Leitung zur Qualitätspolitik

Dieses QS-Handbuch beschreibt das zur Sicherung einer gleichbleibend hohen bzw. zu optimierenden Produktqualität angewandte Qualitätssicherungssystem unseres Unternehmens. Neben dem Aufbau des Qualitätssicherungssystems wird der Ablauf der beschriebenen bzw. verwendeten Methoden und Verfahren im Rahmen des Qualitätssicherungssystems geregelt.

Damit werden unsere langjährigen, intensiven Bestrebungen zur Herstellung von Produkten mit einem hohen Qualitätsstandard und ausgesprochen großer Zuverlässigkeit zum Ausdruck gebracht.

Qualität und Zuverlässigkeit in allen ihren möglichen Ausprägungen ist ein immanenter Bestandteil unserer Produkte und bestimmt maßgeblich unseren Markterfolg.

Es gilt, den Grundgedanken der Fehlerverhütung - insbesondere im Hinblick auf die Auswirkungen von technischen Geräten in der Nutzung durch unsere Kunden - und die gegebenen technischen und wirtschaftlichen Möglichkeiten miteinander in Einklang zu bringen.

Unser Grundsatz muß deshalb sein:

Optimale Qualität bei wirtschaftlich vertretbarem Aufwand.

Dabei ist unter optimaler Qualität nicht die höchstmögliche Qualität eines Produktes zu verstehen, sondern die Erfüllung aller Forderungen hinsichtlich Funktion, Zuverlässigkeit und Lebensdauer.

Um dieses Ziel zu erreichen, müssen wir ein wirkungsvolles Qualitätssicherungssystem betreiben, welches unabhängig, jedoch in Zusammenarbeit mit anderen Abteilungen die Erfüllung der Forderungen durch unsere Produkte gewährleistet.

In dieses System sind alle bei der Abwicklung von Aufträgen mitwirkenden Abteilungen integriert. Die dazu notwendigen Maßnahmen zur Qualitätssicherung sind im Qualitätssicherungshandbuch beschrieben.

(Name) (Ort), den (Datum)

Zum Gebrauch des Handbuchs:

Das Qualitätssicherungshandbuch besteht aus einem "administrativen" Teil I, diesem zentralen Teil II mit der Beschreibung der QS-Elemente nach DIN ISO 9001 und den für das ganze Unternehmen allgemein gültigen Anweisungen und Richtlinien sowie einem ergänzenden bzw. detaillierenden Teil III, in dem die spezifischen Festlegungen, z.B. für bestimmte Verfahren oder Abteilungen, niedergelegt sind. Auf existierende spezifischen Festlegungen in Teil III wird im Text des Teils II explizit hingewiesen.

Die in der Verteilungsliste für das QS-Handbuch genannten Personen habe ihre Mitarbeiter über den Inhalt des Handbuches zu informieren und zwecks Verwirklichung unserer Qualitätspolitik über die Anwendung und Befolgung der beschrieben Methoden und Verfahren zu wachen.

Das Handbuch wird ergänzt oder bearbeitet, wenn der Stand der Technik es erfordert. Ergänzungen sind bis zur kompletten Neuausgabe ebenfalls verbindlich.

1.4.1.2 Die Qualitätsgrundsätze des Unternehmens

Warum Qualität?

1. Qualität bestimmt unseren Markterfolg. Gleichbleibend hohe Qualität unserer Produkte ist ein Ziel der obersten Leitung, wahrt die Interessen der Kunden und sorgt durch eine gute Akzeptanz unserer Produkte für die Motivation der Mitarbeiter. Unter den Begriff "Produkt" fallen ausdrücklich auch immaterielle Produkte und Tätigkeiten unseres Unternehmens wie z.B. Vertriebstätigkeiten, Kundenkontakte, Montage, Kundendienst.

2. Alle Tätigkeiten unserer Mitarbeiter und deren Arbeitsergebnisse werden an folgenden Maßstäben gemessen:

   - ❑ Forderungen des Marktes, d.h. unserer Kunden
   - ❑ Gesetzliche Bestimmungen
   - ❑ Technische und kaufmännische Regeln
   - ❑ Ziele der obersten Leitung

3. Bei der Beratung unserer Kunden und bei allen Kontakten zu ihnen sind deren Interessen nach bestem Wissen und Gewissen zu berücksichtigen: Qualität ist die Erfüllung der Forderungen des Kunden! Dies gilt sinngemäß für die gesamte Realisierung von Aufträgen.

4. Produktqualität ist die Erfüllung sowohl von ausdrücklich genannten als auch von stillschweigend voraussetzbaren Anforderungen an unsere Produkte.

5. Die Entwicklung neuer und Verbesserung bestehender Produktionstechnologien und Fertigungsverfahren ist zentraler Bestandteil unserer Qualitätsverbesserungsprogramme. Dieses stetige Bemühen hat im wesentlichen zwei Aspekte:

   - Das kontinuierliche Erzeugen von Produkten mit hohem Qualitätsstandard und die Weiterentwicklung dieser Standards verlangt eine beherrschte und stabile Produktion. Die dadurch gewährleistete Kontinuität ist ein Grundpfeiler moderner Qualitätssicherung und erleichtert überdies die Tätigkeiten unserer Mitarbeiter.

   - Alle Mitarbeiter sollen dazu motiviert werden, aus eigenem Antrieb qualitätsorientiert zu arbeiten. Verbesserte Arbeitsbedingungen im Sinne unserer Mitarbeiter sind angenehmere Arbeitsbedingungen. Solche Bedingungen erhöhen die grundsätzliche Bereitschaft von Mitarbeitern zur Qualität und motivieren das Qualitätsbewußtsein.

6. Bei allen Mitarbeitern soll durch geeignete Unterstützungsmaßnahmen ein ausgeprägtes Qualitätsbewußtsein geschaffen werden. Qualität entsteht nicht zuletzt "von innen" aus einer Mischung von persönlicher Überzeugung und einer geeigneten Qualifikation.

7. Jeder einzelne Mitarbeiter des Unternehmens trägt zur Qualitätssicherung und Qualitätsverbesserung unserer Produkte bei - und nicht eine zentrale, alles überwachende Instanz wie z.B. eine "Qualitätskontrolle". Qualitätsmanagement bezeichnet die Gesamtheit aller qualitätsrelevanten Tätigkeiten und muß von allen gelebt werden. Dies ist nicht durch eine Koordinierung, Steuerung oder Kontrolle "von oben" zu erreichen.

8. Qualität entsteht weder zufällig noch selbstverständlich, sondern wird systematisch geplant und erarbeitet. Deshalb muß gerade in der Entwicklungs- und Planungsphase besonders gewissenhaft und bedacht vorgegangen werden.

9. Bei allen Tätigkeiten ist vorrangig fehlerverhütend zu arbeiten. Kontrollen zur Fehlersuche und anschließende Nachbesserungen sind das Eingeständnis unvollständiger Prozeßbeherrschung. Vorbeugen ist besser als Nachsorgen!

10. Kosten und Liefertermine dürfen auf gar keinen Fall zu Lasten der Qualität gehen. Eine nachträgliche Korrektur der Qualität ist das Ergebnis einer fehlerhaften Planung.

Die Bedeutung eines Kunden für unser Unternehmen

Ein Kunde ...

1. ist die wichtigste Person für unser Unternehmen, unabhängig davon, ob er persönlich da ist, uns schreibt oder mit uns telefoniert.

2. hängt nicht von uns ab, sondern wir von ihm.

3. ist weder eine Unterbrechung unserer Arbeit noch ein notwendiges Übel, sondern Sinn und Zweck aller unserer Tätigkeiten.

4. ist jemand, der uns seine Wünsche nennt. Unsere Aufgabe ist es, diese Wünsche gewinnbringend für ihn und für uns zu erfüllen.

5. ist kein Außenstehender, dem wir einen Gefallen tun, indem wir ihn bedienen - sondern er tut uns einen Gefallen, wenn er uns die Gelegenheit dazu gibt.

6. ist keine Nummer einer Statistik, sondern ein Mensch - und ist daher wie alle Menschen auch mit Vorurteilen und Irrtümern behaftet.

7. ist nicht jemand, mit dem man ein Streitgespräch führt oder seinen Intellekt mißt. Es gibt niemanden, der je einen Streit mit einem Kunden gewonnen hat.

8. ist derjenige, der letztlich unser Gehalt bezahlt!

1.4.2 Organisation

1.4.2.1 Stellenbeschreibungen

Detaillierte Antworten auf Fragen zur Organisation des Unternehmens, d.h. zu Entscheidungsverantwortlichkeiten, Entscheidungskompetenzen, Aufgabenbereiche, den Aufgabebereichen oder Aufgaben zugeordnete Verantwortlichkeiten für Überwachung und Realisierung/Durchführung, Informationspflichten, Bringschulden etc. werden in Stellenbeschreibungen festgeschrieben. Stellenbeschreibungen sind schriftlich festgelegte Daueranweisungen.

Stellenbeschreibungen werden in zwei Typen angefertigt:

1) **Stellenbeschreibungen für Arbeitsbereiche/Abteilungen:** Diese Stellenbeschreibungen dienen der Abgrenzung der einzelnen Arbeitsbereiche oder Abteilungen innerhalb des Betriebes bezüglich der oben exemplarisch dargestellten Fragen.

2) **Stellenbeschreibungen für Funktionsträger:** Diese Stellenbeschreibungen dienen der Abgrenzung der Verantwortlich- un Tätigkeiten einzelner Funktionsträger des Betriebes (z.B. Stellenbeschreibung für den "Leiter der zentralen Beschaffung"). Sie sind sachbezogen, also unabhängig von der Person des Stelleninhabers, der die eingegrenzte Position einnimmt. Sie enthalten u.a. auch Angaben über Vorgesetzten- und Unterstellungsverhältnisse. Stellenbeschreibungen für Funktionsträger finden sich - soweit erforderlich - in Teil III des QS-Handbuchs.

Das Zusammenspiel der einzelnen Abteilungen aus der Verantwortlichkeitsmatrix hervor, siehe dazu Punkt 1.3 - "Verantwortlichkeitsmatrix". Die Verantwortlichkeitsmatrix ist nur ein geraffter Überblick der Festlegungen in den Stellenbeschreibungen und daher nicht als Ersatz, sondern lediglich als Ergänzung zu verstehen..

1.4.2.2 Stellenbeschreibung der Abteilung "Qualitätswesen"

Aufgabe des Qualitätswesens ist die Sicherung der optimalen Produktqualität in Unabhängigkeit gegenüber Produktion und Entwicklung und in Verantwortung gegenüber der Geschäftsleitung (oberste Leitung). Sie arbeitet eng mit den Qualitätsplanungsstellen im Unternehmen zusammen.

Die Planungsmaßnahmen im Qualitätswesen umfassen sowohl die Planung des Qualitätssicherungssystems, die qualitätsgerechte Auswahl und Auslegung von Verfahren und Prozessen als auch die Qualitätsplanung am Produkt oder einer entsprechenden Leistung. Nachfolgend sind die Aufgaben und Maßnahmen genannt, die sich im wesentlichen mit dem Produkt bzw. der Leistung sowie der Organisation des Qualitätssicherungssystems befassen.

Die konkreten Inhalte der im folgenden genannten Aufgaben und Maßnahmen werden in Abhängigkeit vom Betrachtungsobjekt (Produkt oder andere Leistung) variieren.

Aufgaben und Maßnahmen des Qualitätswesens sind:

- ❑ Vergabe von Qualitätszielen bei der Pflichtenhefterstellung
- ❑ Festlegung der Qualitätskenndaten bezüglich
  - ❑ Entwicklungsqualität
  - ❑ Herstellqualität
  - ❑ Fehleranteile Ausfallrate
- ❑ Anpassung der Qualitätsstandards an den jeweils neuesten Stand der Technik und Technologie

- ❑ Analyse und Bewertung der Qualitätskosten
- ❑ Festlegung der Ablauforganisation der Qualitätssicherung und ihre laufende Kontrolle
- ❑ Periodische Qualitätsberichterstattung
- ❑ Ausbildung und Motivation des Qualitätspersonals und seine laufende Beurteilung
- ❑ Dokumentation der Produktqualität und des Qualitätssicherungssystems im Hinblick auf eine mögliche Produkthaftung

Das Qualitätswesen sorgt für die Umsetzung der Qualitätspolitik sowie die Wirksamkeit des Qualitätssicherungssystems. Zur Erfüllung dieser Aufgaben besitzt das Qualitätswesen eine organisatorische Unabhängigkeit und die geeigneten Befugnisse und Mittel, um u.a.

- ❑ Qualitätsprobleme aufzuspüren,
- ❑ Fehlerursachen zu ermitteln,
- ❑ Problemlösungen zu erarbeiten,
- ❑ Verhütungsmaßnahmen einzuleiten und
- ❑ Fehlerverhütung bis zur Verwirklichung zu überwachen.

Das Qualitätswesen leistet

- ❑ Mitarbeit bei allen Qualitätsfragen,
- ❑ Mitarbeit bei der Qualitätsplanung,
- ❑ Qualitätslenkung und Qualitätsprüfungen,
- ❑ Qualitätsüberwachung und -förderung,
- ❑ Mitarbeit bei Schadensfällen und Reklamationen und deren Ursachenforschung,
- ❑ Mitarbeit bei und Organisation von internen und externen Qualitätsaudits,
- ❑ Mitwirkung bei der Lieferantenbeurteilung,
- ❑ Mitwirkung beim Einrichten und Aufrechterhalten eines Systems zur Auswertung und zur Ursachenbeseitigung von Fehlern sowie
- ❑ Überwachung und Sicherstellung (in Zusammenarbeit mit dem Personalwesen) einer geeigneten Qualifikation unserer Mitarbeiter.

1.4.2.3 Stellenbeschreibung der Abteilung "Qualitätsplanung und -steuerung"

Zu den Aufgaben der Qualitätsplanung und -steuerung gehört die

- ❑ Koordination aller Qualitätssicherungsaktivitäten
- ❑ Auswahl, Anpassung und Einrichtung qualitätssichernder Methoden und Verfahren
- ❑ Planung des Methodeneinsatzes
- ❑ Überwachung der Qualitätssicherungsmaßnahmen auf ihre Wirksamkeit
- ❑ Vorgabe aller Maßnahmen zur Sicherung der Erzeugnisqualität im Stadium der Planung und Entwicklung und zur Festlegung der Ablauforganisation
  - ❑ Analyse von Vorläuferprodukten zur Planung der Entwurfsqualität
  - ❑ Erstellung von Anweisungen und Richtlinien
  - ❑ Vorgabe von Richtwerten
  - ❑ Erstellung von Prüf- und Ablaufplänen
  - ❑ Beurteilung, Freigabe und optimale Abstimmung von Fertigungsverfahren, Materialien und Betriebsmitteln im Hinblick auf die Produktqualität
  - ❑ Untersuchung der Zusammenhänge zwischen Fertigungsbedingungen und Qualitätskosten
  - ❑ Analyse der qualitätsbezogenen Fertigungs- und Prüfschwierigkeiten und ihre Beseitigung in Zusammenarbeit mit den zuständigen Abteilungen

1.4.2.4 Stellenbeschreibung der Abteilung "Produktionplanung"

1.4.2.5 Stellenbeschreibung der Abteilung "Produktionssteuerung"

1.4.2.6 Stellenbeschreibung der Abteilung "Arbeitsvorbereitung"

Die Arbeitsvorbereitung sorgt für die Herstellung, Prüfung, Freigabe und Lenkung der Produktionsunterlagen. Ferner ermittelt sie die Produktionskosten und trägt einer kostengünstigen Produktion Rechnung.

In Zusammenarbeit mit dem Qualitätswesen regelt sie die Qualitätslenkung. Sie koordiniert und überwacht Werksmontagen und Verifizerungen (Qualitätsprüfungen) in Form von Fertigungsprüfungen.

Die Prüfplanung wird durch ein Team durchgeführt, welches je nach Anwendung z.B. wie folgt zusammengesetzt sein kann:

Wareneingangsprüfung:	Einkauf, Qualitätswesen, Arbeitsvorbereitung
Fertigungsprüfung:	Konstruktion, Qualitätswesen, Arbeitsvorbereitung, Produktion
Endprüfung:	Konstruktion, Qualitätswesen, Vertrieb

Die Arbeitsvorbereitung kümmert sich um den produktionsorientierten Teil der Materialwirtschaft und initiiert über den Einkauf notwendige Nachbestellungen und Einkäufe.

Es darf nur nach von der Arbeitsvorbereitung freigegebenen Unterlagen produziert werden. Sie regelt den innerbetrieblichen Transport, sofern er direkt mit der Produktion zu tun hat. Sie realisiert die Fertigungsprüfungen nach den Unterlagen der Prüfplanung.

1.4.2.7 Verantwortungen und Befugnisse

Die Verantwortungen und Befugnisse gehen klar aus der Verantwortlichkeitsmatrix hervor, siehe dazu Punkt 1.3.

Hier sei jedoch noch einmal ausdrücklich darauf hingewiesen, daß die oberste Leitung für die Qualität unserer Produkte verantwortlich ist.

1.4.2.8 Mittel und Personal für die Verifizierung

Die notwendigen Mittel und das notwendige Personal für die Verifizierung (Prüfung) wird im Regelfall von den verifizierenden Bereichen gestellt.

In Ausnahmefällen kann es sein, daß die Verifzierung an andere Bereiche des Unternehmens delegiert (z.B. an das Qualitätswesen) oder extern vergeben wird.

1.4.2.9 Beauftragter der obersten Leitung

Es ist noch kein Beauftragter der obersten Leitung benannt worden.

1.4.3 Review des Qualitätssicherungssystems durch die oberste Leitung

Die Geschäftsführung beauftragt das Qualitätswesen mit Duchführung von periodischen Systemaudits. Das Qualitätswesen ist angewiesen, über die Ergebnisse dieser Audits und ebenso hinsichtlich der durchzuführenden Maßnahmen der Geschäftsführung schriftlich Bericht zu erstatten. Die Anordnung der erforderlichen Maßnahmen zur Aufrechterhaltung und Verbesserung des Qualitätssicherungs-Systems erfolgt grundsätzlich im Namen und in der Verantwortung der Geschäftsführung.

Hinsichtlich einzelner Durchführungsbestimmungen sei auf Kapitel 17 - "Interne Qualitäts-audits" - dieses Handbuches verwiesen.

1.5 Dokumentation

1.5.1 Referenzen

2 Qualitätssicherungs-System

2.1 Zielsetzung

Die Existenz und Anwendung des bei unserem Unternehmen eingeführten Qualitätssicherungs-Systems soll bewirken, daß die qualitätspolitischen Zielsetzungen der Unternehmensleitung in die Praxis umgesetzt werden.

2.2 Anwendungsbereich

Das QS-System gilt für alle Bereiche des Unternehmens.

2.3 Verantwortlichkeitsmatrix

2.4 Beschreibung der angewandten Methoden und Verfahren

Die Unternehmensleitung sorgt für die Existenz und kontinuierliche Weiterentwicklung des QS-Systems. Die Unternehmensleitung gewährleistet über Schulungsmaßnahmen die diesbezüglich erforderlichen Qualifikationen.. Ferner stattet sie das erforderliche Personal mit den notwendigen Befugnissen aus und stellt adäquate Mittel zur Verwirklichung der Qualitätspolitik bereit.

Mit einer Grundsatzerklärung hat die Unternehmensleitung alle Mitarbeiter und Bereiche angewiesen, die Vorgaben dieses QS-Handbuches zu befolgen.

Die Unternehmensleitung überprüft Funktionalität und Wirksamkeit des QS-Systems in regelmäßigen Intervallen in Form von internen Qualitäts-Audits. Gegebenfalls initiiert sie Korrektur- und Lenkungsmaßnahmen.

Das in diesem Unternehmen eingeführte QS-System basiert auf der Norm DIN ISO 9001. Das System ist in diesem QS-Handbuch durch die im einzelnen beschriebenen QS-Elemente festgelegt. Es wird durch unternehmensspezifische Verfahrens- und Arbeitsanweisungen sowie allgemeingültige Normen, Richtlinien und Vorschriften ergänzt. Hierdurch ist sichergestellt, daß die komplette Auftragsabwicklung geplant abläuft und von qualitätssichernden Maßnahmen begleitet wird.

2.5 Dokumentation

Die Auditberichte von internen und externen Qualitätsaudits einschließlich aller Abweichungsprotokolle, Erledigungsprotokolle und Maßnahmenberichte werden nach der Beurteilung durch den Vorstand (interne Q-Audits) bzw. Vorlage bei der Unternehmensleitung (exterene Q-Audits) vom Leiter des Qualitätswesens archiviert.

Ebenso wird mit allen schriftlich fixierten Angaben zu entdeckten Abweichungen, Gegenmaßnahmen und Verbesserungsaktionen verfahren.

2.5.1 Referenzen

Dokument	Ausgabe	Titel
ISO 8402 (E)	03.92	Qualitätsmanagement und Qualitätssicherung, Begriffe
ISO 9001	05.90	Qualitätssicherungssysteme; Modell zur Darlegung der Qualitätssicherung in Design/Entwicklung, Produktion, Montage und Kundendienst
ISO 9004	05.90	Qualitätsmanagement und Elemente eines Qualitätssicherungssystems; Leitfaden
DIN ISO 10011 T1	06.92	Leitfaden für das Audit von Qualitätssicherungssystemen; Auditdurchführung
DIN ISO 10011 T2	06.92	Leitfaden für das Audit von Qualitätssicherungssystemen; Qualifikationskriterien für Qualitätsauditoren
DIN ISO 10011 T3	06.92	Leitfaden für das Audit von Qualitätssicherungssystemen; Management von Auditprogrammen
DIN ISO 10012 T1	08.92	Forderungen an die Qualitätssicherung für Meßmittel; Bestätigungssystem für Meßmittel

10 Prüfungen

10.1 Zielsetzung

Durch systematische Prüfungen soll sichergestellt werden, daß nur spezifikationskonforme Produkte und Rohstoffe in unseren innerbetrieblichen Materialfluß gelangen und - nach Ver- und Bearbeitung - unser Haus verlassen. Es werden drei Arten von Prüfungen angewandt:

- ❑ Durch eine Wareneingangsprüfung wird sichergestellt, daß fehlerhafte Produkte mit einfach erkennbaren Mängeln frühzeitig entdeckt werden und nicht in den internen Materialfluß eingeschleust werden. Da die Sicherung der Qualität von Zulieferungen thematisch eng mit dem Einkauf bzw. der Beschaffung verbunden ist, wird die WE-Prüfung unter der Regie des Einkaufs durchgeführt. So soll auch eine fortlaufende und angemessene Lieferantenbeurteilung mit kurzen Rückkopplungswegen zum Lieferanten gewährleistet werden.

- ❑ Durch Zwischenprüfungen während der Fertigung wird eine systematische Qaulitätslenkung während der Produktion sichergestellt. Durch die Freigabe-Funktion von Zwischenprüfungen (Freigabe bzw. ein Anstoß des nächsten Arbeitsschrittes) werden Fehler frühzeitig erkannt und damit Nachbearbeitungskosten und Ausschußraten gesenkt.

- ❑ Durch die Endprüfung fertiger Produkte wird sichergestellt, daß nur geprüfte und für gut befundene Erzeugnisse unser Haus verlassen.

10.2 Anwendungsbereich

Diese Regelungen gelten für alle Qualitätsprüfungen des Unternehmens.

10.3 Verantwortlichkeitsmatrix

10.4 Beschreibung der angewandten Methoden und Verfahren

Die Festlegung von Qualitäts- und Prüfmerkmalen geschieht gemeinsam durch die Entwicklung bzw. Konstruktion, Produktionsplanung, Arbeitsvorbereitung und das Qualitätswesen. Die Festlegung der Qualitäts-bzw. Prüfmerkmale ist erschöpfend, d.h. vollständig: Die Liste der Prüfmerkmale erfaßt alle zu prüfenden Merkmale. Diese Liste ist eine Mindestforderung und kann vom jeweiligen Prüfer bei begründetem Verdacht erweitert werden.

Zur späteren Festlegung von Prüfmerkmalen werden von der Konstruktion/Entwicklung während und nach der Zeichnungserstellung die einzelnen Qualitätsmerkmale klassifiziert in

- ❑ Nebenmerkmale,
- ❑ Hauptmerkmale und
- ❑ kritische Merkmale.

Sofern Qualitätsmerkmale nicht direkt in Prüfmerkmale gewandelt werden können, leiten Entwicklung bzw. Konstruktion und Qualitätswesen gemeinsam mittelbare Prüfmerkmale ab. Für alle Produkte und Materialien wird durch das Qualitätswesen bereits während oder unmittelbar nach der Entwicklung festgelegt, welche serienbegleitenden Prüfungen durchgeführt werden können.

Vor Beginn der Herstellung von Erstmustern wird gemeinsam von der Produktionsplanung und dem Qualitätswesen darüber entschieden, welche Prüfungen tatsächlich durchgeführt werden. Die so für alle Produkte und Materialien festgelegten serienbegleitenden Prüfungen werden in Prüfplänen festgeschrieben.

Die Auswahl der bei der Prüfung oder Messung zu benutzenden Prüf- und Meßmittel geschieht durch das Qualitätswesen unter Beratung mit den Abteilungen, die diese Prüfungen durchführen sollen. Damit sollen die Anforderungen der Praxis und der Herstellungsverfahren frühzeitig berücksichtigt werden. Weitere Gesichtspunkte zur Auswahl der Prüf- und Meßmittel sind technische Notwendigkeiten und Regeln/Richtlinien, Normen, Gesetze und nicht zuletzt Wirtschaftlichkeit. Der Aufwand für die Prüfung muß dem Prüfmerkmal angemessenen und wirtschaftlich sinnvoll sein. Ferner legt das Qualitätswesen für Produkte, die nicht mit Standardprüfmitteln geprüft werden können, angemessene Prüftechniken und Prüfmittel fest.

Die Ermittlung der notwendigen und anzuwendenden Prüfschärfen geschieht durch das Qualitätswesen in Zusammenarbeit mit den Abteilungen, die diese Prüfungen durchführen sollen. Dadurch werden Restriktionen und Sachzwänge des Tagesgeschäftes frühzeitig berücksichtigt und praxisgerechte Prüfungen entwickelt.

In Prüfplänen wird für zu prüfende Produkte und Materialien festgelegt, welche Prüfungen in bzw. nach den einzelnen Arbeits- oder Verfahrensschritten durchzuführen sind. Außerdem ist in den Prüfplänen die Reihenfolge der einzelnen Prüfschritte angegeben. Die Prüfpläne sind nach Material- und Baugruppen zusammengefaßt und geordnet. Die Prüfpläne enthalten Prüfspezifikationen mit detaillierten Angaben zu

- ❑ den Prüfbedingungen, d.h. Festlegungen zum Prüfort (z.B. an der Fertigungsstelle, im Labor etc.), ggf. Angaben zur Prüfzeit (d.h. Zeit zwischen der Probenentnahme und der eigentlichen Prüfung), besondere Hinweise zu Prüfmerkmalen und Prüfmitteln, evtl. Sicherheitsbestimmungen,
- ❑ den Prüfmitteln (Meßgeräten, Prüfgeräten),
- ❑ Prüftechniken (Beschreibung des Prüfvorgangs, der Handhabung der Meß- oder Prüfgeräte),
- ❑ Prüfmerkmalen,
- ❑ der Prüfhäufigkeit bzw. Angaben/Regelungen zur Prüfdynamisierung,
- ❑ Annahmekriterien und
- ❑ Hinweise bzw. Festlegungen zum Anbringungsort der Kennzeichnungen des Prüfzustandes (Prüfstatus).

Aus den Prüfplänen werden Prüfscheine generiert, die alle Zwischenprüfungen und die Endprüfung eines Produktes/Materials chronologisch und mit Orts- bzw. Abteilungsangabe auflisten. Wareneingangsprüfungen werden nicht auf dem Prüfschein aufgeführt. Der Prüfschein wird teil- bzw. materialabhängig einzeln oder losweise durch die gesamte Produktion mitgeführt. Jede durchgeführte Zwischen- und Endprüfung wird durch eine Abstempelung auf dem zugeordneten Prüfschein mit dem Prüfstempel (s.u.), handschriftlicher Datumsangabe und Handzeichen des Prüfers bestätigt. Somit ist für die genannten Prüfungen eine Ermittlung des Prüfstatus auch ohne die Vergabe von Prüfplaketten (s.u.) möglich. Für Einzelheiten siehe Kapitel 12 - "Prüfstatus".

Der Prüfstempel weist eine Identnummer auf, die dem Prüfer persönlich zugeordnet ist. Die Identnr. ist eine laufende Nummer und nicht abteilungsbezogen. Eine Zuordnung der Identnummer zur Person wird durch ein zentrales Verzeichnis beim Qualitätswesen ermöglicht.

Geprüfte Produkte erhalten in der Wareneingangs- (kurz WE-) und Endprüfung Prüfplaketten zur Kennzeichnung des Prüfstatus. Bei Zwischenprüfungen werden nur dann Prüfplaketten vergeben, wenn die abgeprüften Merkmale von besonderer Bedeutung (kritische oder sicherheitsrelevante Merkmale) und nicht Bestandteil der Endprüfung sind. Prüfplaketten für bestandene Prüfungen sind immer rund und weisen den Aufdruck "i.O." auf. Prüfplaketten für nicht bestandene Prüfungen sind immer dreieckig und weisen den Aufdruck "n.i.O." auf. Die Prüfplaketten enthalten ferner die Identnr. des Prüfers, d.h. sie können eindeutig einem Prüfer zugewiesen werden. Näheres dazu siehe Kapitel 12 - "Prüfstatus".

Durch Prüfungen oder Produktaudits als fehlerhaft erkannte Produkte/Teile/Materialien (Prüfergebnis "Nicht in Ordnung") werden sofort durch eine "n.i.O."-Prüfplakette gekennzeichnet. Diese Prüfplakette darf nur von autorisiertem Personal entfernt werden. Die betroffenen Produkte, Teile, Materialien oder ggf. auch Aufträge werden sofort gesperrt, die fehlerhaften Einheiten werden sofort durch Aussortierung aus dem Materialfluß entfernt und in ein Sperrlager verbracht. Ist ein Aussortieren nicht möglich oder nicht sinnvoll, entscheidet das Qualitätswesen in Zusammenarbeit mit der Produktionsplanung über das weitere Vorgehen. Einzelheiten dazu sind in Kapitel 13 - "Lenkung fehlerhafter Produkte" festgelegt.

10.4.1 Erstmusterprüfung/Produktqualitäts-Audit (Produktaudit)

Vom Prüfumfang (d.h. Prüfschärfe und Anzahl der Prüfmerkmale) her wird nicht zwischen einer Erstmusterprüfung und einem Produktaudit unterschieden. Ein Audit der Produktqualität ist wie die Erstmusterprüfung eine Vollprüfung, d.h. es werden alle Prüfmerkmale mit voller Prüfschärfe geprüft. Produktaudits und Erstmusterprüfungen unterscheiden sich nur dadurch, daß Produktaudits z.B. auch Nachforschungen bezüglich durchgeführter Prüfungen samt deren Dokumentation beinhalten können, während Erstprüfungen im Regelfall ausschließlich auf die Prüfung der Prüfmerkmale beschränkt sind.

Die Durchführung von Erstmusterprüfungen/Produktaudits ist in der Verfahrensanweisung

QSV 10nn Durchführung von Erstmusterprüfungen und Produktaudits

detailliert festgelegt.

10.4.2 Wareneingangsprüfung

Die Wareneingangsprüfung wird vom Einkauf gelenkt. Aufgabe der Wareneingangsprüfung ist

- die Überwachung der Lieferungsqualität zum Schutz der eigenen Produktion
  - mit Nachweis der durchgeführten Prüfungen
  - als Grundlage für zu tätigende Beanstandungen/Reklamationen und Mängelrügen
- die Lieferantenbeurteilung über die festgestellte Lieferungsqualität

Die Prüfanweisungen für die Wareneingangsprüfung werden eigenverantwortlich vom Einkauf unter Beratung vom Qualitätswesen erstellt. Der Einkauf sorgt für den anforderungsgerechten Einsatz des WE-Prüfpersonals und die sachgerechte Anwendung von gültigen Prüfunterlagen sowie Prüfmitteln.

Die Durchführung der eigentlichen Prüfung erfolgt unter Berücksichtigung

- der Bestellung bzw. Spezifikation/Zeichnung,
- des WE-Prüfplans,
- nationalen und internationalen Normen,
- Werknormen und
- Lieferantenbeurteilung.

Der Umfang der Wareneingangsprüfung ist abhängig vom Produkt/Material/Teil und dem Lieferanten, er wird in Rahmenplänen für Produktgruppen festgelegt. Diese Rahmenpläne beinhalten Angaben zum standardmäßigen Prüfumfang (Prüfhäufigkeit, Anzahl der Prüflinge bzw. Stichprobenumfang, Prüfschärfe etc.) und Regelungen zur Prüfdynamisierung.

Die Prüfschärfen für die erste durchzuführende Prüfung wird von der Konstruktion/Entwicklung festgelegt. Eine Modifikation der Prüfschärfe erfolgt auf Basis eines vom Qualitätswesen erarbeiteten Plans zur Prüfdynamisierung. Dabei werden die Prüfschärfen u.a. auf Basis der Einstufung des Lieferanten und der Klassifizierung der Prüfmerkmale modifiziert.

- **Ersteingänge und seltene Wareneingänge (s.u. "Ausnahme-Bestellungen"):** Bei Ersteingang von Waren bzw. unregelmäßig oder selten eingehenden Waren (vergl. nächster Punkt) wird immer eine Vollprüfung (s.o. Erstmusterprüfung/Produktaudit) angewendet.

- ❑ **Häufige und regelmäßige Bestellungen ("Regel-Bestellungen"):** Wareneingänge, die diesem Bestellungs-Typ zuzuordnen sind, werden nur bei der ersten Lieferung einer Vollprüfung unterzogen (s. voriger Punkt), danach greifen Regelungen zur Prüfdynamisierung.

  Anmerkung: Ggf. wird so auch - entgegen dem vorigen Punkt - mit selten eingehenden Normteilen oder Produkten/Materialien/Teilen verfahren, wenn diese erfahrungsgemäß geringe Toleranzen aufweisen und/oder einer genau festgelegten Spezifikation entsprechen und ferner von diesen Waren keine Beeinträchtigung weder der eigenen Produktion noch der herzustellenden Erzeugnisse ausgehen kann.

- ❑ **Beigestellte Waren ("Beistellungen"):** Beigestellte Waren eines Auftraggebers werden auf Identität und Menge geprüft. Weitere Festlegungen hierzu sind Bestandteil einzelvertraglicher Regelungen. Hierzu sei auf Kapitel 7 - "Vom Auftraggeber beigestellte Produkte verwiesen".

Der Wareneingang bzw. die dort durchgeführten Prüfungen gliedern sich in einen kaufmännischen und einen technischen Teil, die in dieser Reihenfolge durchlaufen werden:

- ❑ **Kaufmännischer Wareneingang.**

Der kaufmännische Wareneingang prüft die nicht direkt produktgebundenen lieferungsabhängigen Merkmale wie z.B. Verbindung des Wareneingangs zu Anforderungen/Bestellungen/Aufträgen, Einhaltung der vereinbarten Verpackung, Transportart, des Anlieferungsorts sowie Liefertermintreue und Erfüllungsqualität der Bestellung hinsichtlich Menge und Identität. Ferner führt er eine körperliche Bestandsaufnahme durch.

Als erstes wird eine Überprüfung der Anforderung durchgeführt. Ist die angelieferte Ware bestellt bzw. die Zuordnung zu einem Auftrag oder einer Bestellung geklärt, so wird in unmittelbarem Anschluß eine körperliche Bestandsaufnahme durchgeführt. Kann keine Zuordnung zu einer Anforderung hergestellt werden, so wird die Ware zurückgewiesen.

Im Anschluß an die körperliche Bestandsaufnahme werden anhand der Bestelldokumente, Begleit- und Lieferpapiere (Lieferschein) interne Begleitpapiere erstellt. Diese Begleitpapiere kennzeichnen die Ware eindeutig bezüglich:

- ❑ Art der Produkte/Teile/Materialien
- ❑ Menge
- ❑ Anzahl der Liefer- oder Transportbehältnisse
- ❑ Lieferant und Empfänger

Die Datenerfassung und die Erstellung der Begleitpapiere erfolgt innerhalb eines speziellen DV-Programmes. Die Erfassung erfolgt durch das Personal des Wareneingangs.

Nach der körperlichen Bestandaufnahme werden die eingegangenen Waren grundsätzlich für die weitere Verwendung gesperrt. Die Sperrung wird auf den Begleitpapieren ausgewiesen.

Die gesperrten Waren werden in einem eigens dafür vorgesehenen Teil des Wareneingangslagers zwischengelagert ("Wareneingangs-Sperrlager"). Das Wareneingangs-Sperrlager und die Lager für freigegebene Wareneingänge (s.u.) sind räumlich voneinander getrennt, Verwechslungen sind somit ausgeschlossen.

❑ **Technischer Wareneingang**

Der Technische Wareneingang prüft die direkt produktabhängigen, mehr technisch orientierten Merkmale wie Maße, Beschaffenheit und Material.

Ungeprüfte Wareneingänge (Lose) haben den Status "NICHT FREIGEGEBEN" und dürfen nicht der Verarbeitung zugeführt werden.

Normteile werden gemäß den Bestellunterlagen einer Identprüfung unterzogen. Alle eingehenden Zeichnungsteile werden durch Personal des Wareneingangs nach den entsprechenden Prüfvorschriften sowie der Verfahrensanweisung

QSV 10nn "Prüfablauf im Wareneingang"

geprüft. Dabei findet ein Verfahren Anwendung, daß über eine Prüfschärfensteuerung ein gestuftes Prüfniveau sicherstellt.

Lose mit i.O.-Befund sind nach der kaufmännischen und technischen Wareneingangsprüfung frei zur Verarbeitung bzw. Einlagerung.

Lose mit n.i.O.-Befund werden mit einem Sperrvermerk versehen und in das Sperrlager des Wareneingangs verbracht. Die Mitarbeiter der Wareneingangsprüfung ordnen nach Rücksprache mit dem Einkauf Maßnahmen an wie:

❑ Rücksendung an den Lieferanten

❑ Sortierarbeiten durch den Lieferanten oder Sortierarbeiten auf Kosten des Lieferanten

❑ Nacharbeiten auf Kosten des Lieferanten

Für Lieferungen, die beanstandet wurden, stellt das Qualitätswesen Reklamationsberichte aus. Diese sind als Mängelrüge zu verstehen. Sie sind dem Lieferanten grundsätzlich über den Einkauf zur Kenntnis zu bringen.

Die Einlagerung von fremdbezogenen Produkten erfolgt bis zur Wareneingangsprüfung nach Produkten und Lieferanten getrennt. Danach erfolgt vermischte Einlagerung.

Zur Sicherstellung der Qualitätsanforderungen und der Aufrechterhaltung der Produktion bei Termindruck findet der folgende Notlaufplan Anwendung:

QSV 10nn "Notlaufplan im Wareneingang"

Die Materialwirtschaft darf nur geprüfte und freigegebene Produkte vereinnahmen und in den internen Materialfluß einschleusen.

Die Begleitpapiere werden mit dem Prüfstempel versehen, für bestandene WE-Prüfungen werden vom Prüfpersonal Prüfplaketten mit dem Aufdruck "i.O." (für "in Ordnung") vergeben. Erst nach einem "i.O."-Befund der technischen Wareneingangsprüfung wird der Sperrvermerk durch das Personal der Wareneingangsprüfung aufgehoben, d.h. der "i.O."-Befund ist gleichzeitig die Freigabe zur Einlagerung.

Die Wareneingangsprüfung liefert wichtige Daten für die laufende Lieferantenbeurteilung. Die zu einer Statistik verdichteten Ergebnisse der WE-Prüfung werden zur laufenden Beurteilung der Lieferungsqualität herangezogen. Hierzu sei auf das Kapitel 6 - "Beschaffung" verwiesen. Zur Anwendung von statistischen Verfahren sei auf Kapitel 20 - "Statistische Verfahren" hingewiesen.

10.4.2.1 Prüfaufzeichnungen/Dokumentation des Wareneingangs

Wareneingangspapiere (Lieferschein), Ergebnisse der Wareneingangsprüfungen und produktionsbegleitende Dokumente des Wareneingangs werden durch das WE-Prüfpersonal erfaßt bzw. erstellt und nach folgendem System abgelegt:

- **Häufige und regelmäßige Bestellungen ("Regel-Bestellungen"):** Normteilen und häufig oder regelmäßig bestellten Produkten/Materialien/Teilen zugeordnete Dokumente werden nach dem System "Regel-Bestellungen" abgelegt. Diese System ist auf die Anforderungen des Tagesgeschäfts zugeschnitten, d.h. es ist nach besonders häufig eingehenden Produkten und Produktgruppen gegliedert. Dieses Ablagesystem erlaubt einen besonders schnellen Zugriff.

- **Seltene oder besondere Bestellungen ("Ausnahme-Bestellungen"):** Wareneingänge bzw. Bestellungen, die im Tagesgeschäft eher die Ausnahme darstellen, werden im Ablagesystem "Ausnahme-Bestellungen" unter unserer Bestellnummer chronologisch geführt.

- **Beigestellte Waren ("Beistellungen"):** Eingänge von beigestellten Waren werden im Ablagesystem "Beistellungen" unter der Auftragsnr. abgelegt.

Produktionsbegleitende Dokumente aus dem Wareneingang werden grundsätzlich nur als Kopie weitergegeben, alle Originale verbleiben im Wareneingang. WE-Prüfergebnisse werden ggf. zu einer Statistik verdichtet. Alle Dokumente werden mit einem Prüfstempel, handschriftlicher Datumsangabe und Handzeichen des Prüfers abgezeichnet.

10.4.3 Zwischenprüfungen

Zwischenprüfungen haben die Aufgabe, die durch die Produktion, d.h. die Ver- und Bearbeitung der Teile, Materialien und Rohstoffe geänderten Eigenschaften/Merkmale zu protokollieren und zu überprüfen. Durch bestandene Zwischenprüfungen erfolgt eine Freigabe bzw. ein Anstoß des nächsten Be- oder Verarbeitungsschritts.

Umfang und Art der Zwischenprüfung sind in Prüfplänen festgelegt. Diese werden von der Prüfplanung der Produktion ggf. in Zusammenarbeit mit dem Qualitätswesen erstellt. Die Prüfpläne sind so angelegt, daß immer vor Beginn des anstehenden Arbeitsschritts die Ergebnisse eines oder mehrerer vorangegangener Arbeitsschritte überprüft werden. Damit werden Fehler früh erkannt und Ausschuß minimiert.

Die fertigungsbegleitenden Prüfungen erfolgen durch das Fertigungspersonal im Prinzip der Werker-Selbstprüfung. Darunter fallen auch Maßnahmen und Methoden der statistischen Qualitätsüberwachung und -regelung wie das Führen von Qualitätsregelkarten und das Ziehen von Stichproben. Die Durchführung der Selbstprüfung wird durch den jeweilig zuständigen Meister oder Vorarbeiter überwacht.

Das Qualitätswesen entnimmt der laufenden Produktion regelmäßig Stichproben und führt eine von der Selbstprüfung unabhängige Untersuchung durch. Damit wird die Wirksamkeit der Selbstprüfung überwacht und gewährleistet.

Prüfungen werden auf dem Prüfschein durch Abstempelung des entsprechenden Feldes mit dem Prüfstempel, Datumsangabe und Handzeichen auf dem Prüfschein vermerkt. Die Begleitpapiere werden ebenfalls mit dem Prüfstempel versehen.

Werden während der Produktion fehlerhafte Einheiten festgestellt oder unfähige Prozesse erkannt, wird nach den Festlegungen der Kapitel 13 - "Lenkung fehlerhafter Produkte" und Kapitel 14 - "Korrekturmaßnahmen" verfahren.

Der "i.O."-Befund der Zwischenprüfung ist gleichzeitig die Freigabe zur weiteren Ver- und Bearbeitung.

Zur Anwendung von statistischen Verfahren sei auf Kapitel 20 - "Statistische Verfahren" hingewiesen.

10.4.3.1 Prüfaufzeichnungen/Dokumentation der Zwischenprüfungen

Als Dokumentation der durchgeführten Zwischenprüfungen dient der Prüfschein. Prüfergebnisse bzw. diesbezügliche Aufzeichnungen werden als Kopie zusammen mit dem Prüfschein weitergegeben. Der Prüfschein wird als Original weitergegeben. Die Originale der Aufzeichnungen von Prüfergebnissen verbeiben beim Prüfer.

10.4.4 Endprüfungen

Alle Endprodukte werden vor ihrer Einlagerung oder Auslieferung einer Endprüfung unterzogen. Die Endprüfung überprüft die Ergebnisse des letzten Be- oder Verarbeitungsschritts (das kann auch ein Montagevorgang sein).

Der Schwerpunkt der Endprüfung liegt auf Kriterien, d.h. Prüfmerkmalen bezüglich:

- ❑ Funktionalität
- ❑ Sicherheit und
- ❑ kundenspezifischer Anforderungen.

- ❑ für Bauteile bedeutet das u.a.:
  - ❑ Maßhaltigkeit
  - ❑ Erfüllung der geforderten Funktion
  - ❑ Erfüllung der geforderten Sicherheitsmerkmale
  - ❑ Zuverlässigkeit
- ❑ für Materialien bedeutet das u.a.:
  - ❑ Erfüllung der Spezifikationen für Werkstoff-Kennwerte

Zuverlässigkeitsprüfungen werden nur dann durchgeführt, wenn dies in einer einzelvertraglichen Regelung fixiert wurde.

Die Durchführung der Endprüfung für Bauteile erfolgt durch die Prüfer der Montage. In jedem Montagebereich wird die Wirksamkeit der Endprüfungen mittels regelmäßiger Produktaudits überwacht. Die Durchführung der Produktaudits obliegt dem Qualitätswesen. Die Montagebereiche werden durch das Qualitätswesen betreut. Die Überwachung der Wirksamkeit der Endprüfung geschieht über geplante und ungeplante Produktaudits, die vom Qualitätswesen durchgeführt werden. Produktqualitäts-Audits werden wie Erstmusterprüfungen durchgeführt (s.o.). Die Ergebnisse der Qualitätsaudits und die sich daraus ergebenden Korrekturmaßnahmen werden durch das Qualitätswesen beurteilt und dokumentiert. Nähere Informationen dazu finden sich in Kapitel 14 - "Korrekturmaßnahmen".

Die Durchführung der Endprüfung für Materialien erfolgt durch das Werkstofflabor. Eine Betreuung und Überwachung der Wirksamkeit erfolgt analog zur Bauteilprüfung.

Die Endprüfung wird wie die Zwischenprüfungen auf dem Prüfschein durch Abstempelung des entsprechenden Feldes mit dem Prüfstempel, Datumsangabe und Handzeichen auf dem Prüfschein vermerkt, die Begleitpapiere werden ebenfalls mit dem Prüfstempel versehen. Die Endprüfung stellt immer den letzten Eintrag auf dem Prüfschein dar.

Die Endprüfung stellt die letzte innerbetriebliche Möglichkeit zur Fehlerentdeckung und Schaltung entsprechender Korrekturmaßnahmen dar. Fehlerfeststellungen in der Endprüfung führen zum sofortigen Auslieferungsstop. Die Behandlung fehlerhafter Einheiten geschieht nach den Festlegungen in Kapitel 13 - "Lenkung fehlerhafter Produkte", Korrekturmaßnahmen sind in Kapitel 14 - "Korrekturmaßnahmen" beschrieben.

Für bestandene Endprüfungen werden vom Prüfpersonal Prüfplaketten mit dem Aufdruck "i.O." (für "in Ordnung") vergeben. Der "i.O."-Befund der Endprüfung ist gleichzeitig die Freigabe zum Versand bzw. zur Zwischenlagerung im Lager für Fertigerzeugnisse.

Zur Anwendung von statistischen Verfahren sei auf Kapitel 20 - "Statistische Verfahren" hingewiesen.

10.4.4.1 Prüfaufzeichnungen/Dokumentation der Endprüfung

Als Dokumentation der durchgeführten Endprüfung dient der Prüfschein. Prüfergebnisse bzw. diesbezügliche Aufzeichnungen werden als Kopie zusammen mit einer Kopie des Prüfscheins der geprüften Ware beigelegt.

Die Originale der Aufzeichnungen von Prüfergebnissen und des Prüfscheins verbeiben beim Prüfer.

10.4.5 Prüfungen/Abnahmen durch Kunden

Kundenabnahmen sind Endprüfungen, die der Kunde zusätzlich zu unseren eigenen Prüfungen verlangt. Sie werden nach einzelnen Herstellungsstufen und am Endprodukt vorgenommen.

Prüfungen und Abnahmen durch Kunden werden im Rahmen des Vertragsabschlusses zwischen dem Kunden bzw. seinem Vertreter und dem Verkauf/Vertrieb vereinbart und in einzelvertraglichen Regelungen fixiert.

Die Terminplanung für Kundenabnahmen erfolgt durch die Produktionsplanung bzw. Auftragsverfolgung in Verbindung mit dem Qualitätswesen.

10.5 Dokumentation

Alle Aufzeichnungen über Prüfergebnisse wie z.B.

- Qualitätsregelkarten
- Fehlersammelkarten
- Abweichungsberichte
- Prüfscheine
- Prüfausnahmen

werden von der die Prüfung durchführenden Abteilung verwaltet. Genauso wird mit verdichteten Daten, d.h. Statistiken verfahren.

Der Prüfstatus wird über die Prüfplaketten und den Prüfschein kenntlich gemacht.

10.5.1 Referenzen

11 Prüfmittel

11.1 Zielsetzung

Die im folgenden beschriebenen Verfahren sollen sicherstellen, daß alle erforderlichen Prüfmittel verfügbar und die bei der Produktion verwendeten und vorhandenen Prüfmittel tauglich sind. Es ist sicherzustellen, daß ausschließlich geeichte, justierte, kalibrierte oder verrifizierte Prüfmittel, Meßmittel, Normalien, Vorrichtungen, zugehörige Software und Fertigungseinrichtungen existieren und angewendet werden. Ferner, daß diese regelmäßig und angemessen überwacht werden. Die Überwachung der Prüfmittel wird dokumentiert.

11.2 Anwendungsbereich

Alle verwendeten Prüf- und Meßmittel unterliegen der Prüfmittelüberwachung. Die Frequenz der Überprüfungen ist abhängig vom Prüfmittel selbst, vom Einsatzort und der Häufigkeit der Verwendung.

11.3 Verantwortlichkeitsmatrix

11.4 Beschreibung der angewandten Methoden und Verfahren

11.4.1 Beschaffung und Inventarisierung von Prüfmitteln

Für neue Prüfmittel wird durch die benutzende Stelle, ggf. mit Unterstützung durch die Prüfmittelwerkstatt und das Qualitätswesen, eine Spezifikation erstellt. Auf Basis dieser Spezifikation und kaufmännischer Gesichtspunkte wird über Eigenfertigung oder Fremdbezug entschieden. Im Anschluß an diesen Entscheid wird ein Betriebsauftrag ausgelöst, oder es wird eine Bestellung bzw. ein Beschaffungsantrag erzeugt. Bei Katalogbestellungen von Standardprüfmitteln kann ggf. die Spezifikation entfallen.

Technischer und kaufmännischer Wareneingang für neue Prüfmittel ist die Prüfmittelwerkstatt.

Sofern durch den Prüfmittelhersteller kein gesonderter Nachweis vorliegt, werden alle neuen Prüfmittel einer Eignungsprüfung gemäß den der Prüfmittelanforderung zugrundeliegenden Spezifikationen unterzogen. Dies beinhaltet im Einzelfall auch eine Untersuchung der Prüfmittelfähigkeit. Bei "i.O."-Befund ("Gut"-Befund) werden die Prüfmittel vereinnahmt, d.h.

- ❑ Die Prüfmittel erhalten eine Ident-Nummer,
- ❑ ein Fristenprüfkennzeichen und
- ❑ es wird eine Prüfmittel-Karte angelegt.

Bei "n.i.O."-Befund ("Schlecht"-Befund) erfolgt eine Rückweisung.

Für jedes Prüfmittel existiert eine begleitende Dokumentation mit folgenden Angaben:

- ❑ Anfordernde Stelle (Bereich, Abteilung),
- ❑ Hersteller des Prüfmittels,
- ❑ technische Gerätedaten,
- ❑ Lager- bzw. Einsatzort,

- mögliche Einschränkungen bei der Anwendung,
- Prüfintervall,
- Ergebnisse der Prüfmittelprüfungen und
- Lebenslauf des Prüfmittels (z.B. Reparaturen)

Für die Überwachung der Prüfmittel werden Normalien und Normalien-Meßeinrichtungen eingesetzt, die eine nachweisbare Beziehung zu nationalen und internationalen Normalen oder Normalmeßeinrichtungen haben.

11.4.2 Periodische Überwachung von Prüfmitteln

Alle Prüfmittel haben eine individuelle Kennzeichnung, die eindeutig auf deren letzte Überprüfung schließen läßt (Fristenprüfkennzeichen). Großgeräte tragen eine zusätzliche Plakette, die den nächsten Überprüfungstermin ausweist. Gesperrte Großgeräte werden durch Sperrbanderolen kenntlich gemacht.

Prüfmittel, die kein oder ein ungültiges Fristenprüfkennzeichen tragen, dürfen nicht verwendet werden und müssen sofort und unaufgefordert zur Prüfmittelwerkstatt gebracht werden. Dies gilt auch bei jedem Verdacht, daß das Prüfmittel Mängel aufweist oder irregulär arbeitet.

Die Terminüberwachung und die Bestandsverwaltung der Prüfmittel erfolgt über Karteien, die durch die Prüfmittelwerkstatt (den Werkzeugbau) verwaltet werden.

Am Ende jeder Kalenderwoche werden alle zur Überwachung fälligen Prüfmittel mittels einer Rückrufmeldung mit folgenden Angaben eingezogen:

- PM-Lager oder -Einsatzort
- Prüfmittel-Nr.
- Prüfmittelbezeichnung

Bei überfälligen Prüfmitteln besteht für die Prüfmittelwerkstatt eine Holpflicht. Überfällige und unauffindbare Prüfmittel werden durch Listen und Aushang der Belegschaft und den betroffenen Abteilungen bekannt gemacht. Ihr Gebrauch ist ausdrücklich untersagt.

Nach der Durchführung der aktuellen Kalibrierung werden die Prüfergebnisse in die Prüfmittelkarte eingetragen. Für jedes Prüfmittel existiert eine eigene Karteikarte

Die wichtigsten Bearbeitungsschritte im Rahmen der Prüfmittelerfassung und -überwachung zeigt das folgende Ablaufdiagramm.

Die Überwachungsintervalle werden durch den Leiter der Prüfmittelwerkstatt (des Werkzeugbaus) festgelegt. Sie sind in der PM-Kartei hinterlegt. Bei der Bestimmung der Überwachungsfrequenz werden folgende Gesichtspunkte zugrunde gelegt:

❑ Wo wird das Prüfmittel eingesetzt?

❑ Wer arbeitet mit dem Prüfmittel?

❑ Welche Meßgenauigkeit muß eingehalten werden?

❑ Wie häufig wird das Prüfmittel eingesetzt?

❑ Wird das Prüfmittel kostenstellenbezogen oder auftragsbezogen ausgegeben?

Zeigt das Prüfmittel im Rahmen der Überwachungsprüfung stärkere Abnutzungsspuren als erwartet, so wird das Überwachungsintervall angepaßt, d.h. entsprechend verkürzt.

11.4.3 Lagerung und Einsatz von Prüfmitteln

Die Aufbewahrung und Anwendung der Prüfmittel erfolgt auf drei unterschiedliche Weisen:

1. Prüfmittel werden in den Werkzeugausgaben eingelagert und von dort auftragsbezogen an die Mitarbeiter ausgegeben. Nach Beendigung des Auftrages wird das Prüfmittel zurückgegeben und durch das Personal der Werkzeugausgabe einer visuellen Prüfung (Beschädigung, Kalibrierstatus) unterzogen.

2. Prüfmittel werden kostenstellenbezogen (arbeitsplatzbezogen) ausgegeben. Die pflegliche Behandlung und regelmäßige visuelle Prüfung (Beschädigung, Kalibrierstatus) der Prüfmittel obliegt den Benutzern der Prüfmittel.

3. Prüfmittel werden fest in Prozesse oder Maschinen eingebaut. Ein Ausbau und Transport dieser Prüfmittel zur Überwachungsprüfung ist nicht sinnvoll oder möglich. Die Überwachung dieser Prüfmittel erfolgt im Rahmen der vorbeugenden Instandhaltung und nach den gleichen Regeln wie für immobile Großgeräte. Bei der Überwachungsprüfung dürfen nur die Referenzen und Normalien der Prüfmittelwerkstatt eingesetzt werden.

11.4.4 Standardprüfmittel

Die Beschaffung der Standardprüfmittel erfolgt über den Einkauf. Alle Standardprüfmittel gehen über die Werkzeugausgaben ein, somit ist deren Erfassung und Erstprüfung sichergestellt.

Die Eignungsprüfung beschränkt sich im Regelfall auf eine Identprüfung und die Prüfung des vom Hersteller/Lieferanten mitzuliefernden Werkszeugnisses. Liegt kein Werkszeugnis vor, so ist die meßmittelspezifische Abnahmeprüfung erforderlich. Die Erfassung der Meßmittel erfolgt mit Hilfe einer Prüfmittelkarte.

Für neue Standardmeßmittel sind Standardprüfintervalle ≥ 1/Jahr vorgeschrieben. Bei jeder Folgeprüfung wird abhängig vom Meßmittelzustand und vom Einsatzort der nächste Prüftermin festgelegt (im Regelfall gemäß Standardprüfintervall, bei Bedarf häufiger). Hierfür ist die Anwendung der folgenden Verfahrensanweisung verbindlich:

QSV 11nn Prüfmittelüberwachung

Die bei der Prüfmittelüberwachung eingesetzten Referenzen (z.B. Endmaße) müssen kalibriert, geeicht und zugelassen sein. Die Überwachung der Referenzen erfolgt, sofern sie nicht im Feinmeßraum der Prüfmittelwerkstatt durchgeführt werden kann, durch zugelassene und anerkannte Dienstleistungsbetriebe. Die Überwachung der Prüfmittel erfolgt unter angemessenen räumlichen Bedingungen.

Jedes Standardprüfmittel erhält eine Identnummer. Private Prüfmittel sind nicht zulässig.

11.4.5 Meß - und Prüfmaschinen

Alle Meß- und Prüfmaschinen wie z.B. 3D-Koordinatenmeßmaschine, Waagen, Rauhtiefenmeßgeräte, Härteprüfgeräte und Zerreißmaschinen werden jährlich bzw. im 2-Jahres-Turnus von anerkannten Service-Unternehmen bzw. Ämtern überprüft und nachgeeicht. Die Prüfzertifikate werden archiviert, die Prüfgeräte bzw. -maschinen erhalten eine Prüfplakette.

11.4.6 Produktspezifische Prüfmittel (Lehren, Schablonen)

Vor der Inbetriebnahme einer Lehre (Schablone) wird diese gegen die Prüfmittelkonstruktionszeichnung gemessen. Bei Übereinstimmung werden die Lehren (Schablonen) zur Anwendung freigegeben.

Die Lehren (Schablonen) werden an der Einsatzstelle aufbewahrt und von den zuständigen Produktionsstellen verwaltet.

Freigegebene Lehren (Schablonen) erhalten eine Sachnummer. Für Prüfmittel (Schablonen) wird ein Standardüberprüfungs-Turnus von 2 Jahren festgeschrieben. Im Einzelfall wird der Turnus verkürzt, sofern es erforderlich ist.

Es dürfen nur Lehren (Schablonen) mit dem aktuellen Änderungsindex der technischen Teiledokumentation verwendet werden. Lehren (Schablonen) mit abweichendem Index werden sofort gesperrt und der Prüfmittelwerkstatt gemeldet.

11.4.7 Produktprüfeinrichtungen

Prüfeinrichtungen in der Produktion für 100%-Merkmale werden von den zuständigen Produktionsstellen verwaltet. Verbindlich für die Verwaltung und Überwachung ist die folgende Verfahrensanweisung:

QSV 10nn Überwachung von Prüfeinrichtungen in der Produktion

11.4.8 Meß- und Prüfeinrichtungen für die Elektronikentwicklung und -fertigung

Die Elektronikentwicklung ist für die Erfassung und Erstprüfung neu beschaffter Meßmittel für elektrische Größen verantwortlich. Für Verwaltung und Überwachung dieser Meß- und Prüfeinrichtungen ist die folgende Verfahrensanweisung verbindlich:

QSV 10nn Prüfmittelüberwachung in der Elektronikentwicklung und -fertigung

11.4.9 Elelektronische Prüfmittel

Elektronische Meßgeräte mit einem hohen Einkaufswert werden entsprechend den Herstellerempfehlungen regelmäßig zur Wartung und Kalibrierung an den Hersteller geschickt. Die Terminüberwachung geschieht anhand der Prüfmittelkartei. Vor dem Einsatz eines Meßgerätes überzeugt sich der Mitarbeiter von dem einwandfreien Zustand des Gerätes und zieht hierfür ggf. gerade kalibrierte Geräte als Vergleichsinstrument hinzu.

Elektronische Meßgeräte mit einem geringen Einkaufswert werden vor dem Einsatz des Meßgerätes durch den Prüfer auf ihren einwandfreien Zustand überprüft (Durchgangsprüfung, Kurzschlußverhalten). Da es sich hierbei um Meßmittel handelt, die keinem Verschleiß unterliegen wie er von mechanischen Prüfmitteln bekannt ist, äußern sich Störungen im Regelfall durch einen Totalausfall. Wegen des geringen matriellen Wertes der Prüfmittel werden defekte Meßgeräte nicht repariert, sondern verschrottet und durch neue ersetzt.

11.4.10 Fehlerhafte Prüfmittel

Werden durch die Kalibrierung oder während des Einsatzes fehlerhafte Prüfmittel erkannt, so werden diese unmittelbar gesperrt. Sind die Prüfmittel aus der laufenden Produktion an die Prüfmittelwerkstatt gegangen, wird ein Belegabschnitt mitgeliefert, der die Auftrags-Nr. des letzten Produktionsauftrages ausweist, bei dem das Prüfmittel im Einsatz war.

Wird an einem derartigen Prüfmittel eine unzulässige Abweichung festgestellt, benachrichtigt die Prüfmittelwerkstatt die Abteilung, in der das Prüfmittel zuletzt im Einsatz war.

Die Abteilung veranlaßt die sofortige Sperrung des betroffenen Auftrages. In Zusammenarbeit mit der Produktionsplanung und dem Qualitätswesen wird über die weitere Behandlung dieses Auftrages entschieden.

Werden fehlerhafte Prüfmittel repariert, durchlaufen sie nach deren Instandsetzung erneut die Prüfmittelwerkstatt. Sind Prüfmittel irreparabel, so werden sie verschrottet. Die Verschrottung und die erforderliche Neubeschaffung wird durch die Prüfmittelwerkstatt durchgeführt.

11.4.11 Nachprüfung von Produkten, die mit fehlerhaften Prüfmitteln den Befund "i.O." erhielten

Nach Ermittlung eines fehlerhaften Prüfmittels wird vom Feststellenden sofort der Einsatzort ermittelt, damit alle noch erfaßbaren Produkte einer Nachprüfung unterzogen werden können. Einzelheiten regelt die Verfahrensanweisung

QSV 10nn Nachprüfung von Produkten bei fehlerhaften Prüfmitteln

11.5 Dokumentation

11.5.1 Referenzen

12 Prüfstatus

12.1 Zielsetzung

Durch eindeutige Kennzeichung soll das Ergebnis der letzten Prüfung (Prüfzustand, Prüfstatus) der Produkte/Materialien nach dem Wareneingang und in allen Phasen der Produktion eindeutig kenntlich gemacht werden.

12.2 Anwendungsbereich

Diese Regelungen gelten für alle Qualitätsprüfungen des Unternehmens.

12.3 Verantwortlichkeitsmatrix

12.4 Beschreibung der angewandten Methoden und Verfahren

Geprüfte Produkte erhalten im Rahmen ausgewählter Prüfungen (s.u.) je nach Ergebnis der durchgeführten Prüfung entweder eine "i.O."- oder eine "n.i.O."-Kennzeichnung (für "in Ordnung" bzw. "nicht in Ordnung") mit einer Identnummer, die dem Prüfer persönlich zugeordnet ist. Die Identnr. ist eine laufende Nummer und nicht abteilungsbezogen. Eine Zuordnung der Identnummer zur Person des Prüfers und dessen Arbeitsbereich wird durch ein zentrales Verzeichnis beim Qualitätswesen ermöglicht. Die Auftragspapiere und Prüfscheine werden mit einem Prüfstempel versehen, der ähnlich wie die Prüfplaketten aufgebaut ist, d.h. auch sie weisen die eindeutige Identnr. des Prüfers auf.

Der Ablauf, d.h. Anzahl der durchgeführten Prüfungen und deren Reihenfolge geht aus dem Prüfschein hervor, auf dem alle Prüfungen vermerkt werden. Der Prüfschein erlaubt eine eindeutige Zuordnung "Teil/Material/Los - Prüfung - Ort - Prüfer - Datum - Prüfstatus" über den Verlauf der gesamten Produktion. Der Prüfschein weist für jede durchzuführende Prüfung ein Feld auf, in dem der Prüfort (Abteilung, Bereich) und die Art (Bezeichnung) der Prüfung durch Vordruck eingetragen sind. Jedes Feld des Prüfscheins ist durch Abstempelung mit dem Prüfstempel und Gegenzeichnung mit Datumsangabe und Handzeichen zu "entwerten". Der Prüfschein wird teil- bzw. materialabhängig einzeln oder losweise durch die gesamte Produktion mitgeführt. Der erste Eintrag bzw. das erste Feld ist für die erste Zwischenprüfung vorgesehen, der letzte Eintrag bzw. das letzte Feld für die Endprüfung. Der Prüfschein dient als Nachweis/Dokumentation der durchgeführten Prüfungen, er wird für den gesamten Produktionsdurchlauf geführt.

Anmerkung: Anstelle des Systems "Prüfschein" könnten auch Laufkarten verwendet werden!

Prüfplaketten und -stempel für bestandene Prüfungen sind immer rund und weisen das Kürzel "i.O." auf. Prüfplaketten und -stempel für nicht bestandene Prüfungen sind immer dreieckig und weisen das Kürzel "n.i.O." auf. Die Prüfplaketten sind für die verschiedenen Produktionsschritte bzw. Prüfungen zusätzlich farblich kodiert.

Die Kodierung der Prüfplaketten und Prüfstempel durch Form und Farbe ist in einer Tabelle unter dem Punkt "Dokumentation" zusammenfassend dargestellt. Die Prüfplaketten sind so ausgeführt, daß sie sich nicht unabsichtlich lösen können. Zur Prüfstempelung wird nur wischfeste Farbe verwendet.

12.4.1 Wareneingang

Bei der Wareneingangsprüfung (kurz WE-Prüfung) werden immer Prüfplaketten vergeben. Je nach Art der Anlieferung wird diese Plakette auf dem Produkt/Material selbst (z.B. für Einzelteile) oder auf dem Transport- bzw. Lagerbehälter (z.B. bei Kleinteilen) angebracht. Zusätzlich werden die Wareneingangspapiere oder Warenbegleitpapiere mit dem entsprechenden Prüfstempel abgestempelt und mit Datum und Handzeichen des Prüfers gegengezeichnet.

Der "i.O."-Befund der WE-Prüfung fungiert gleichzeitig als Freigabe für die Einlagerung. Der positive Befund wird durch eine gelbe runde Prüfplakette bzw. durch die Verwendung eines runden Stempels gekennzeichnet.

Der "n.i.O."-Befund wird durch eine rote dreieckige Prüfplakette bzw. durch die Verwendung eines dreieckigen Stempels gekennzeichnet. Der negative Befund löst eine Behandlung der fehlerhaften Einheiten nach Kapitel 13 - "Lenkung fehlerhafter Produkte" aus.

12.4.2 Zwischenprüfung

Bei Zwischenprüfungen werden nur dann Prüfplaketten vergeben, wenn die abgeprüften Merkmale von besonderer Bedeutung (kritische oder sicherheitsrelevante Merkmale) und nicht Bestandteil der Endprüfung sind.

Die durchgeführten Zwischenprüfungen werden auf dem Prüfschein durch Abstempelung des entsprechenden Feldes mit dem Prüfstempel, Datumsangabe und Handzeichen vermerkt. Dadurch kann der Prüfstatus auch dann jederzeit ermittelt werden, wenn keine Kennzeichnung durch Prüfplaketten erfolgte. Dieser Vermerk ist ein Nachweis dafür, daß die Arbeitsfolge vorschriftsmäßig im Rahmen der Selbstprüfung geprüft wurde.

Der "i.O."-Befund einer Zwischenprüfung mit Prüfplaketten-Vergabe wird durch eine violette runde Prüfplakette bzw. durch die Verwendung eines runden Stempels gekennzeichnet.

Der "n.i.O."-Befund wird durch eine rote dreieckige Prüfplakette bzw. durch die Verwendung eines dreieckigen Stempels gekennzeichnet. Bei "n.i.O."-Befund wird nach den Festlegungen in Kapitel 13 - "Lenkung fehlerhafter Produkte" verfahren.

12.4.3 Endprüfung

Bei der Endprüfung werden immer Prüfplaketten vergeben. Die Endprüfung wird wie die Zwischenprüfungen auf dem Prüfschein vermerkt und stellt immer den letzten Eintrag dar.

Der "i.O."-Befund einer Endprüfung wird durch eine grüne runde Prüfplakette bzw. durch die Verwendung eines runden Stempels gekennzeichnet.

Der "i.O."-Befund ist gleichzeitig die Freigabe zur Ein- bzw. Zwischenlagerung oder zum Versand. Mit erfolgreichem Abschluß der Endprüfung wird das Original des Prüfscheins bei der Endprüfung archiviert. Ein Durchschlag oder eine Kopie des Prüfscheins wird jeder Verpackungseinheit, die zur Auslieferung gelangt, als Freigabeschein beigelegt. Die Existenz dieser Freigabe wird später im Versand geprüft.

Der "n.i.O."-Befund wird durch eine rote dreieckige Prüfplakette bzw. durch die Verwendung eines dreieckigen Stempels gekennzeichnet. Bei "n.i.O."-Befund wird nach den Festlegungen in Kapitel 13 - "Lenkung fehlerhafter Produkte" verfahren.

12.4.4 Kennzeichnung von Dokumenten

Alle Dokumente, deren Inhalt die Qualität der Produkte beeinflußt, werden vor ihrer Freigabe einer Prüfung unterzogen. Dazu zählen u.a. die folgenden Dokumente:

- Spezifikationen
  - Zeichnungen
  - Stücklisten
- Arbeitskarten
- Prüfpläne
- Einstellpläne
- QS-Handbuch
- QS-Verfahrensanweisungen
- QS-Arbeitsanweisungen

- ❑ teilebegleitende Dokumentationen
- ❑ Dokumente für Service/Wartung/Kundendienst

Die Prüfung und Freigabe der Unterlagen erfolgt durch Personen, die nicht die Ersteller der Unterlagen sind. Die Freigabe erfolgt durch Unterschrift oder Handzeichen in dafür vorgesehenen Feldern auf den entsprechenden Dokumenten.

12.5 Dokumentation

Kodierung der Prüfplaketten:

Kodierung		Vergabe von	für Prüf-befund	Bemerkung
Form	Farbe			
dreieckig	rot	alle Prüffelder	n.i.O.	
rund	gelb	Wareneingang	i.O.	
rund	violett	Zwischen-prüfungen	i.O.	nur für ausgewählte Zwischenprüfungen!
rund	grün	Endprüfung	i.O.	

Kodierung der Prüfstempel

Kodierung		Vergabe von	für Prüf-befund	Bemerkung
Form	Farbe			
dreieckig	(wischfest!)	alle Prüffelder	n.i.O.	
rund	(wischfest!)	alle Prüffelder	i.O.	

12.5.1 Referenzen

13 Lenkung fehlerhafter Produkte

13.1 Zielsetzung

Diese Regelungen sollen sicherstellen, daß fehlerhafte Produkte aus dem normalen Materialfluß ausgesondert werden, damit eine unzulässige Weiterverwendung zuverlässig ausgeschlossen ist.

13.2 Anwendungsbereich

Diese Regelungen gelten für alle Bereiche und Abteilungen.

13.3 Verantwortlichkeitsmatrix

13.4 Beschreibung der angewandten Methoden und Verfahren

Die Kennzeichnung von n.i.O.-Teilen geschieht unmittelbar im Anschluß an die Fehlerfeststellung (vergl. dazu auch Kapitel 10 - "Prüfungen" und Kapitel 12 - "Prüfstatus"). Fehlerhafte Produkte werden gekennzeichnet durch:

- ❑ Sperrzettel, Sperrbanderolen
- ❑ Ausschußzettel
- ❑ Nacharbeitszettel
- ❑ "n.i.O."-Prüfplaketten

Begleitpapiere fehlerhafter Produkte werden mit einem Sperrvermerk und dem "n.i.O."-Prüfstempel versehen, der jede reguläre Weiterbearbeitung der betroffenen Einheiten verbietet. Dieser Vermerk wird durch den zuständigen Prüfer eingetragen und darf nur durch autorisiertes Personal des Qualitätswesens aufgehoben werden. Dieses Personal hat ferner die Aufgabe, die festgestellten bzw. deklarierten Fehler/Mängel vor jeglicher Weiterverarbeitung der Einheiten zu verifizieren.

Für die Einlagerung in Sperrläger, Einleitung von Sofortmaßnahmen ("temporäre Korrekturen", siehe dazu Kapitel 14 - "Korrekturmaßnahmen") sowie deren Überwachung sind die Vorgesetzten der fehlerentdeckenden Stelle zuständig. Sie benachrichtigen auch das Qualitätswesen und sorgen für die Erfassung der Fehler im Fehler-Erfassungs- und -Melde-System. Das Qualitätswesen veranlaßt ggf. Rückfragen bei Abnehmern und dokumentiert Prüfausnahmen.

Kann eine Entscheidung über fehlerhafte Einheiten nicht unmittelbar herbeigeführt werden, wird die Ware in einem abgeschlossenen, nicht frei zugänglichen Lagerbereich (Sperrlager) eingelagert. Verantwortlich für die Einlagerung ist der Vorgesetzte der fehlerentdeckenden Stelle. In jedem Sperrlager wird eine Bestandsliste über die Zu- und Abgänge geführt. Jede Entnahme muß durch den entsprechenden Lagerverwalter gegengezeichnet werden.

Die Vorgesetzten der Abteilungen und Bereiche haben ihre Mitarbeiter über die Vorgehensweise bei der Entdeckung von n.i.O.-Produkten zu unterrichten und über die Befolgung der diesbezüglichen Regelungen zu wachen. Alle Produktionsmitarbeiter sind verpflichtet, n.i.O.-Produkte, die durch sie erkannt werden, zu melden. Mitarbeiter erleiden keine finanziellen Nachteile, wenn sie selbstverursachte fehlerhafte Einheiten melden.

Das Qualitätswesen wertet die im Fehler-Erfassungs- und -Melde-System gespeicherten Daten und ggf. zugehörigen Berichte über Prüfungen, Abweichungen und ergriffenen Maßnahmen aus hinsichtlich:

- ❑ Fehlerursache:
    - ❑ Mensch
    - ❑ Maschine
    - ❑ Material
    - ❑ Methode
- ❑ Entstehungsort der Fehlerursache (Bereich, Abteilung)
- ❑ Fehlerkosten

Die Ergebnisse werden monatlich in Form von Schaubildern und Statistiken dargestellt (siehe dazu auch Kapitel 14 - "Korrekturmaßnahmen").

Fehler können nachträglich vermutet oder festgestellt werden, wenn z.B. ein Prüf- oder Arbeitsschritt ausgelassen, nachträglich bei der Prüfmittelkalibrierung eine unzulässige Abweichung festgestellt oder ein korrigierender Fertigungsschritt vergessen wurde. Werden solche Fehler begründet vermutet, so sind in diesem Fall sofort die Kunden zu informieren. Maßnahmen für fälschlich als "Gut" oder "i.O." befundete Produkte werden soweit wie möglich einer Nachprüfung unterzogen. Näheres dazu siehe Kapitel 10 - "Prüfungen".

Es gibt vier verschiedene Sofort-Maßnahmen ("temporäre Korrekturen", vergl. dazu Kapitel 14 - "Korrekturmaßnahmen") bei fehlerhafter Produkte:

- ❑ Nacharbeit
- ❑ Abnahme mit oder ohne Reparatur aufgrund einer Sonderfreigabe
- ❑ Zurückstufung für eine andere Verwendung
- ❑ Rückweisung, Verschrottung

Im folgenden werden diese Maßnahmen detaillierter behandelt. Diese Maßnahmen bieten Möglichkeiten, fehlerhafte Einheiten (Produkte, Materialien) a) entweder in einen zu einer Spezifikation konformen Zustand zu überführen (Nacharbeit, Sonderfreigabe, Zurückstufung), oder b) fehlerhafte Produkte auszusortieren (Rückweisung, Verschrottung) und durch spezifikationskonforme Einheiten zu ersetzen. Alle vier genannten (Sofort-)Maßnahmen sind jedoch lediglich temporär wirksam, d.h. sie wirken einzig und allein auf die fehlerhaften Teile und rühren nicht an der Ursache des Fehlers selbst! Fehlerursachen-beseitigende "echte" Korrekturmaßnahmen werden in Kapitel 14 - "Korrekturmaßnahmen" dargestellt und erläutert.

13.4.1 Nacharbeit

Sind die als fehlerhaft deklarierten Einheiten (Produkte, Materialien) vom Personal des Qualitätswesens als fehlerhaft verifiziert worden und erscheint ferner eine Nacharbeit sinnvoll, so werden die Einheiten zur Nacharbeit freigegeben.

Eine Nacharbeit ist nur dann sinnvoll, wenn

- ❑ sie wirtschaftlich ist, oder
- ❑ wenn äußere Umstände (z.B. Termindruck, Konventionalstrafen) die erhöhten Kosten bzw. den erhöhten Aufwand rechtfertigen.

13.4.2 Sonderfreigaben (Prüfausnahmen)

Die Erteilung von Sonderfreigaben hängt von der Fehlerart (Einzelfehler, systematischer Fehler) und der Gewichtung bzw. Bedeutung des fehlerhaften Merkmals (kritisches Merkmal, Hauptmerkmal, Nebenmerkmal) ab.

Zu Sonderfreigaben ist nur das Qualitätswesen und die Entwicklung/Konstruktion berechtigt. Zur Entscheidungsfindung werden im Bedarfsfall weitere Fachabteilungen und -bereiche konsultiert. Prüfausnahmen werden dokumentiert nach:

- ❑ Auftragsnummer
- ❑ Fehlerbeschreibung

- ❑ Fehlerart (Einzelfehler, systematischer Fehler)
- ❑ Fehlerursache
- ❑ Entstehungsort des Fehlers
- ❑ Fehlerhäufigkeit
- ❑ Auswirkungen des Fehlers
- ❑ Begründung für die Sonderfreigabe
- ❑ eingeleiteten Korrekturmaßnahmen
- ❑ Freigabestelle

Sonderfreigaben werden immer mit unseren Abnehmern/Kunden abgestimmt, d.h. ein Auslieferung von Produkten mit Sonderfreigabe erfolgt nur unter Zustimmung der qualitätsverantwortlichen Stellen des Kunden. Der Kunde ist über alle Abweichungen von der Spezifikation und deren mögliche Folgen - sofern bekannt oder absehbar - detailliert zu informieren.

13.4.3 Zurückstufung für eine andere Verwendung

Dieser Sonderfall tritt nur dann auf, wenn das gleiche Produkt entweder a) in unterschiedlichen Toleranzen oder b) Varianten nach sehr verwandten Spezifikationen hergestellt wird. Nur dann ist eine Neueinstufung überhaupt möglich. Fehlerbehaftete "Ware mit kleinen Fehlern", "B-Ware" oder "Ware zweiter Wahl" in dem üblichen Sinne gelangt nicht zur Auslieferung.

Eine Sonderfall bildet die Freigabe zu Testzwecken wie z.B. im Rahmen zerstörender Materialprüfung.

13.4.4 Rückweisung, Verschrottung

Produkte, Teile oder Materialien, die selbst durch Nacharbeit nicht spezifikationskonform gemacht werden können, oder deren Nacharbeit wirtschaftlich nicht zu vertreten ist, werden zurückgewiesen (Wareneingang, Einkauf) oder Verschrottet (intern).

Eine Sonderfall bildet auch hier die Freigabe zu Testzwecken wie z.B. im Rahmen zerstörender Materialprüfung.

13.5 Dokumentation

13.5.1 Referenzen

14 Korrekturmaßnahmen

14.1 Zielsetzung

Die folgenden Regelungen zu Korrekturmaßnahmen sollen sicherstellen, daß Fehlerwiederholungen dauerhaft ausgeschlossen und Ursachen bereits aufgetretener Fehler beseitigt werden. Fehler sollen systematisch aufgespürt, auf deren Ursache untersucht und abgestellt werden.

14.2 Anwendungsbereich

Diese Regelung betrifft ausdrücklich nicht nur den "Werkbankbereich", sondern alle Tätigkeitsfelder von der Angebotsphase bis zur Produktnutzung beim Kunden (Kundendienst).

14.3 Verantwortlichkeitsmatrix

14.4 Beschreibung der angewandten Methoden und Verfahren

14.4.1 Allgemeines

Es existiert ein Fehler-Erfassungs- und Meldungssystem (FEMS), in dem alle entdeckten Fehler nach klassifikatorischen Merkmalen geordnet erfaßt werden. In diesem System werden die Fehler nach Folgenschwere und Kosten bzw. Aufwand für deren Abstellung bewertet. Das System erfaßt ferner die getroffenen Abstellmaßnahmen und deren Erfolg. Welche Angaben in diesem System noch festgehalten werden, ist dem folgenden Punkt "Vorgehensweise" zu entnehmen. Das FEMS stellt bei konsequenter Nutzung auf Dauer eine Art Wissensbasis für "präventive Qualitätssicherung" dar.

Das Fehler-Meldungs- und Erfassungssystem hat einen vorbeugenden Charakter und ist prinzipiell auf die Nutzung in der Planungsphase in Konstruktion und Entwicklung zugeschnitten, d.h. sein vornehmlicher Zweck ist die Einleitung von einmaligen Abstellmaßnahmen zur endgültigen Fehlerbeseitigung - und nicht die eines Nachschlagewerks für wiederholt zu treffende Fehlerkorrekturen.

Für den Zweck der Fehlerursachenforschung wird sachlich recherchiert, Ziel ist die Ursachenermittlung und nicht die Suche nach Schuldigen. Nicht nur die unmittelbar an der Ursachenermittlung beteiligten, sondern alle Mitarbeiter sind ausdrücklich dazu aufgefordert, Problemen und Fehlern objektiv und aufgeschlossen gegenüber zu treten. Hierdurch wird nicht nur im konkreten Fall, sondern auch zukünftig unternehmensweit ein grundsätzliches und selbstverständliches fehlerverhütendes Verhalten praktiziert. Fehlerquellen sollen in konsequenter Verfolgung der Null-Fehler-Strategie permanent weiter reduziert werden.

14.4.2 Vorgehensweise

Beginnend mit jeder Fehlerfeststellung wird systematisch in folgenden Schritten vorgegangen, wobei jeder Schritt im FEMS festgehalten bzw. protokolliert wird:

- ❑ Fehlerfeststellung (Fehlerentdeckung oder Ergebnisse aus Analysen)
- ❑ Fehlererfassung
- ❑ Fehlermeldung (Qualitätsabweichungsbericht, Befund)
- ❑ Festlegen der Sofort-Maßnahme (siehe Kapitel 13 - "Lenkung fehlerhafter Produkte")
- ❑ Ggf. Bildung eines Teams zur weiteren Fehlerbehandlung
- ❑ objektive Definition der Fehlerursache, Befragen aller Beteiligten, Recherche des Umfeldes und der Umstände, Analyse des Fehlers
- ❑ Information an die verursachenden Stelle
- ❑ Festlegen der temporären Maßnahme
- ❑ Stellungnahme des Verursachers
- ❑ Festlegen der Abstell-Maßnahme
- ❑ Periodischer Fortschrittsbericht (schriftlich oder in Teambesprechungen)
- ❑ Erfolgskontrolle bei Abschluß der Maßnahme
- ❑ Zeitliche begrenzte, laufende Beobachtung der verursachenden Prozesse, um sicher nachweisen zu können, daß der Fehler abgestellt wurde.

Jeder Mitarbeiter ist verpflichtet, diese Abfolge in Gang zu bringen, sobald ein Fehler erkannt wird (dies gilt auch für organisatorische Mängel).

14.4.3 Fehlerfeststellung und -meldung

Ziel dieses Schrittes ist die eindeutige und vollständige Beschreibung des Fehlers. Zusätzlich wird der Fehler hinsichtlich der Bedeutung, katastrophal, kritisch usw., und bzgl. der Folgen für die eigene Fertigung und für den Kunden, der die Ware erhält bewertet Die Beschreibung des Fehlers erfolgt durch die Mitarbeiter der Bereiche, in denen ein Fehler festgestellt wurde. Die Fehlerbeschreibung wird anhand eines Formblattes vorgenommen, indem der Fehler anhand eines Fehlerschlüssels festgelegt wird.

Alle festgestellten Fehler werden im FEMS zentral erfaßt. Darüber hinaus gelten folgende Dokumentationsregelungen:

- Fehlerhafte Anlieferungen im Wareneingang werden durch den Einkauf in einem Reklamationsbericht dokumentiert.
- In der Produktion (Fertigung, Montage) werden Fehler entweder während der Be- oder Verarbeitung oder im Rahmen von Prüfungen oder Produktaudits erkannt. In allen Fällen sind die Mitarbeiter verpflichtet, einen Qualitätsabweichungsbericht zu erstellen und an das Qualitätswesen weiterzuleiten.
- Kunden- und Feldbeanstandungen werden durch den Kundendienst auf dem Formular für Kundenbeanstandung erfaßt. Er entscheidet auch über das weitere Vorgehen gegenüber dem Kunden.

14.4.4 Festlegung und Ausführung der Sofort-Maßnahmen

Das Ziel ist die Festlegung und Ausführung der Sofort-Maßnahmen, die eingeleitet werden, sobald ein Fehler entdeckt wurde. Dies kann einerseits eine anschließende Sortierprüfung sein oder andererseits eine Behelfskonstruktion zur Vermeidung des Fehlers. Die Festlegung und Ausführung der Sofort-Maßnahmen werden als Ergebnis in einem Formblatt dokumentiert. Zu den Sofort-Maßnahmen zählen auch alle Entscheidungen bezüglich der Lenkung fehlerhafter Einheiten.

14.4.5 Definition der Ursache

Je nach Komplexität der Fehlerentstehung erfolgt zuerst durch die entdeckende Stelle eine vorläufige Definition und Bewertung der Ursache. Die vorläufige Definition richtet sich nach der subjektiven Einschätzung des Problems durch den Mitarbeiter. Die Bewertung der Ursache nach ihrer Bedeutung wird nach einem festgelegten Schema vorgenommen. Im Rahmen der weiteren Bearbeitung wird ggf. durch Untersuchungen die vorläufige Definition bestätigt oder eine abschließende Ursache festgelegt und bewertet.

14.4.6 Bildung eines Teams zur weiteren Fehlerbehandlung

In Abhängigkeit von der Komplexität der vermuteten Fehler-Ursachen-Beziehung, der Bewertung des Fehlers und der Bewertung der Ursache wird durch das Qualitätswesen entschieden, ob die weiteren Maßnahmen durch ein Projektteam gesteuert werden müssen und wie dieses Team aufgebaut sein muß. Die Auswahl der Teammitglieder richtet sich einerseits nach der Art des Fehlers und andererseits nach dem Umfang bzw. den Folgen der zu erarbeitenden Maßnahmen.

14.4.7 Festlegung temporärer Maßnahmen

Die Bestimmung, Veranlassung und Bewertung temporärer Maßnahmen durch das Team ist das Ziel dieses Schrittes. Die Bewertung der Bedeutung der erarbeiteten Maßnahmen wird anhand des Schemas vorgenommen und dokumentiert. Als Ergebnis erstellt das Team ein Dokument, indem die bestimmten und veranlaßten Maßnahmen aufgeführt und bewertet sind.

14.4.8 Festlegung einer Abstell- bzw. Sicherungsmaßnahme

Ziel dieses Schrittes ist die Definition von Abstell- bzw. Sicherungsmaßnahmen, die durch das Team erstellt werden. Die definierten Maßnahmen werden erneut durch das Bewertungsschema einer Bewertung hinsichtlich ihrer Bedeutung eingeordnet. Desweiteren wird durch das Team ein Projektkontrollplan erarbeitet. Dieser dient der Überwachung der eingeleiteten Maßnahmen. Als Ergebnis erstellt das Team ein Dokument, indem die Abstell- bzw. Sicherungsmaßnahme und der daraus resultierende Projektkontrollplan enthalten ist.

14.4.9 Periodischer Fortschrittsbericht

Das Team ist dazu verpflichtet die Ausführung der eingeleiteten Maßnahmen zu überwachen, um Abweichungen frühzeitig zu erkennen und zu verhindern. Dies geschieht durch periodische Kontrolle in durch das Team festgesetzten Zeiträumen, die besonders in der Anlaufphase der eingeleiteten Maßnahmen genauestens eingehalten werden müssen.

14.4.10 Erfolgskontrolle und Verfahrensbeobachtung

Das Team stellt nach Abschluß der Arbeiten die erfolgreiche Umsetzung der Korrekturmaßnahmen fest und dokumentiert dies. Weiterhin auditiert es nach einem zuvor festgelegten Zeitraum die eingeleiteten Maßnahmen, um eine Aussage darüber zu erhalten, ob die Maßnahmen ausreichend waren den Fehler zu beseitigen.

14.4.11 Organisatorisch fixierte Korrekturabläufe

Neben der geschilderten allgemeinen Systematik zur Durchführung von Korrekturmaßnahmen verfügt unser Unternehmen über Korrekturabläufe, die fest in der Ablauforganisation verankert sind. Sie sind in der folgenden Tabelle aufgelistet.

Fehlerfeststellung in/im/bei	Korrekturmaßnahme / Korrektur über
Wareneingang (Wareneingangsprüfung)	temp.: Ersatzlieferung / Nachbearbeitung Abst.: Projekte zur Qualitätsförderung beim Lieferanten in jedem Fall Rückwirkung auf Lieferantenbeurteilung (→ Abstufung und Mängelrüge) und Wareneingangsprüfung (→ Verschärfung)
Produktion (Zwischenprüfungen, Endprüfung, Produktaudit) - Fertigung (Be- und Verarbeitung) - Montage, Inbetriebnahme	temp.: Nacharbeit / Aussortierung und Verschrottung Abst.: Fehlerursachenforschung mit anschließender Ursachenbeseitigung bei systematischem Fehler Rückwirkung via FEMS auf Konstruktion/-Entwicklung
Fertiglager (Begehung)	wie Produktion
Nutzung (Reklamation, Anforderung des Kundendienstes zur Reparatur)	temp.: Kundendienst (normale Reparatur / Reparatur auf Gewährleistung) / Kulanz Abst.: wie Produktion bei systematischem Fehler Rückwirkung via FEMS auf Konstruktion/-Entwicklung

Legende: temp.: temporäre, kurzfristige Überbrückungsmaßnahme ("Interimslösung")

Abst.: echte Abstellmaßnahme zur Verhinderung des erneuten Auftauchens des gleichen Fehlers

Alle Fakten, die sich bei den Fehlerfeststellungen, Recherchen, Befunden, Entscheidungen und Maßnahmen ergeben, werden schriftlich festgehalten. Zuständig hierfür ist der jeweilige Sachbearbeiter.

Bei einigen Korrekturmaßnahmen werden die einzelnen Fälle über sogenannte "Aktionslisten" bis zu deren Erledigung verfolgt, und zwar z.Zt. bei Fehlerentdeckungen in der Produktion und im Fertiglager.

14.4.12 Informationsfluß und Schnittstellen bei der Durchführung von Korrekturmaßnahmen

- ❑ Weitergabe der Formblätter zur Fehlererfassung

  In den Formblättern wird vermerkt, an wen dieses Formblatt zur Bearbeitung weitergeleitet wird und wer eine Kopie erhält. Für den Fertigungsbereich wäre dies z.B der Gruppenleiter. Dieser leitet es weiter an den Abteilungsleiter und im Anschluß daran wird das Formblatt an die Abteilung Qualitätswesen geleitet. Darüberhinaus wird die Geschäftsleitung und falls die Notwendigkeit besteht der Kunde bzw. der Lieferant über einen Fehler bzw. eine Ursache informiert.

- ❑ Auswertung der Formblätter zur Fehlererfassung

  Innerhalb der einzelnen Durchlaufstufen des Formblattes besteht die Möglichkeit der Auswertung. Dies wäre für den Gruppenleiter z.B. die Erstellung einer arbeitsplatzbezogenen Statistik und für den Maschinenbediener das Führen einer Fehler-Sammel-Karte. In diesem Zusammenhang findet ggf. eine Bewertung des Fehlers/der Ursache durch ein kurzfristig zusammenrufbares "Qualitäts-Team" statt, deren Teammitglieder sich aus dem gesamten Unternehmensbereich zusammensetzt. Die Bewertung wird nach einem festen Bewertungsschema durchgeführt. Weiterhin hat das Team die Aufgabe, die vorläufige Ursachenfeststellung zu überprüfen und daraus folgend die endgültige Ursachenfestlegung zu dokumentieren. Die eingeleitete Sofortmaßnahme, die in dem Formblatt beschrieben ist, wird ebenfalls durch das "Qualitäts-Team" geprüft und eine temporäre Maßnahme festgelegt und in dem Formblatt dokumentiert.

- ❑ Statistische Analysen

  Zur statistischen Auswertung wird das vollständig ausgefüllte Formblatt an das Qualitätswesen weitergeleitet. In dieser Abteilung werden anhand der Daten erzeugnisbezogene Protokolle erarbeitet, die der Geschäftsführung bzw. -leitung oder/und dem Kunden bzw. Lieferanten zugestellt werden und artikelbezogene Auswertungen erstellt, die dem Gruppenleiter oder Maschinenbediener zugehen.

14.5 Dokumentation

14.5.1 Referenzen

18 Schulung

18.1 Zielsetzung

Durch eine gezielte Aus- und Weiterbildung unserer Mitarbeiter soll gewährleistet werden, daß an allen Arbeitsplätzen den jeweiligen Anforderungen bzw. Aufgaben entsprechend qualifiziertes Personal eingesetzt wird.

18.2 Anwendungsbereich

Diese Regelungen gelten für Bereiche und Abteilungen.

18.3 Verantwortlichkeitsmatrix

18.4 Beschreibung der angewandten Methoden und Verfahren

Grundsätzlich ist es die Aufgabe jedes Vorgesetzten, seine Mitarbeiter zu unterweisen. Jeder neue Mitarbeiter wird durch seinen Vorgesetzten eingewiesen. Desweiteren erfolgt die Einarbeitung durch Zuordnung des neuen Mitarbeiters an einen bereits bewährten Mitarbeiter.

Anregungen zu neuen Schulungen sowie Anfragen zu bestehenden oder geplanten Schulungen werden vom Personalwesen entgegengenommen bzw. können vom Personalwesen beantwortet werden, da dieser Abteilung die Gesamtkoordination aller Aus- und Weiterbildungsmaßnahmen obliegt.

Inhalte von Schulungsmaßnahmen ergeben aus dem Handlungsbedarf aufgrund festgestellter Mängel bei der Qualifikation der Mitarbeiter, z.B. durch das Auftreten von durch Schulung vermeidbaren Fehlern wie Fehlbedienungen, oder aufgrund notwendiger Zusatzqualifikation wie z.B. durch Einführung eines neuen Prüfverfahrens oder Installation eines neuen Betriebsmittels.

Ferner finden davon unabhängig regelmäßig Schulungen zur Arbeitssicherheit statt, deren Besuch wenigstens einmal bei Betriebseintritt und bei geänderten Arbeitsbedingungen (neue Maschinen etc.) Pflicht ist. Der Besuch dieser Veranstaltungen wird durch Teilnehmerlisten erfaßt.

Der Fachbereiche und -abteilungen, die Abteilungen oder Beauftragten für Qualitätssicherung, Arbeitssicherheit und Umwelt sowie der Betriebsrat erfassen den Bedarf für Schulungen sowohl für ein ganzes Geschäftsjahr als auch den kurzfristigen Bedarf und melden diesen an das Personalwesen.

Inhalte der Schulungen werden vom Personalwesen in Zusammenarbeit mit den Erstellern von Vorschlägen, den Abteilungen oder Beauftragten für Qualitätswesen, Arbeitssicherheit und Umwelt sowie dem Betriebsrat gemeinsam erarbeitet. Hierbei werden für externe Schulungen (s.u.) ggf. auch sofort Vorschläge für Referenten, Seminare o.ä. gesammelt.

Die Leiter der Fachbereiche und -abteilungen, die Abteilungen oder Bereiche für Qualitätssicherung, Arbeitssicherheit und Umwelt sowie der Betriebsrat beurteilen nachträglich die Wirksamkeit der Schulungs- und Weiterbildungsmaßnahmen durch die Beobachtung der betrieblichen Praxis. Erforderlichenfalls werden über das Personalwesen Nachschulungen veranlaßt.

Können Schulungen aus zwingenden Gründen nicht wie geplant durchgeführt werden, werden diese in den Plan für das nächste Geschäftsjahr übernommen.

Schulungsmaßnahmen werden unterschieden in:

- ❑ Interne Schulungen und Problemlösungsmaßnahmen
    - ❑ Seminare mit internen Referenten über gesamte Themengebiete
    - ❑ Workshops mit internen Spezialisten/Experten zur gezielten Weiterqualifikation mit konkreten Schwerpunkten
    - ❑ Qualitätszirkel zur innerbetrieblichen Qualitätsverbesserung

Externen Schulungen

- ❑ Seminare mit externen Referenten
- ❑ Workshops mit externen Spezialisten/Experten
- ❑ Besuch von Messen, Kongressen, Fachtagungen etc.

Schulungen können zum Inhalt haben:

- ❑ fachspezifische Themen
    - ❑ Lösung konkreter Probleme
    - ❑ Vermittlung von Basis- und Expertenwissen
    - ❑ Arbeitssicherheit
- ❑ Menschenführung (Mitarbeiter-)
- ❑ Organisationsfragen

- ❑ allgemeine Weiterbildung
  - ❑ Sprachen
  - ❑ Arbeitsrecht

Die Auswahl von externen Seminaren, Workshops und Kursen sowie von externen Referenten oder Trainern für interne Schulungen erfolgt gemeinsam durch die bereits oben genannten Bereiche und Abteilungen oder Beauftragten.

Geplante Schulungsmaßnahmen werden in einem Schulungsplan eingetragen, der auch eine jährliche Übersicht bietet. Der Schulungsplan wird jeweils bis Anfang Dezember für das Folgejahr erstellt. Er berücksichtigt (wie bereits oben dargestellt)

- ❑ die Anpassung an veränderte berufliche Anforderungen,
- ❑ den aktuellen "Stand der Technik" bzw. dessen Änderung sowie
- ❑ Aspekte der Mitarbeiterförderung.

Der Schulungsplan wird im Sekretariat der Personalabteilung ausgehängt und ist für alle Mitarbeiter einzusehen. Besondere Veranstaltungen werden darüberhinaus durch Anschläge am "Schwarzen Brett" oder in der Hauszeitung angekündigt.

18.5 Dokumentation

Vom Personalwesen werden die Schulungspläne erstellt und verwahrt (archiviert). Ferner wird die Teilnehmerliste zu jeder Schulung verwahrt.

18.5.1 Referenzen